KB201571

그래도
너는 억만장자다

김열방 김사라 이은영
이재연 정은하 지음

하나님이 당신에게 말씀하신다.
"그래도 너는 억만장자다.
부요 믿음으로 행동하면
내가 다 채워주겠다."

날개미디어

아들아, 그래도 너는 억만장자다

당신은 날마다 부요 믿음으로 살고 있습니까?

나는 돈이 있을 때나 없을 때나 항상 부요 믿음으로 살고 있습니다. 부요 믿음을 다른 말로 표현하면 '억만장자 마인드'입니다.

나는 그리스도 안에서 억만장자입니다. 모든 억만장자들의 부의 원천이신 예수님이 내 안에 실제로 살아 계시기 때문입니다.

나는 날마다 부요 믿음에 대한 믿음의 말만 하며 살고 있습니다.

자나 깨나 "나는 부요하다. 억만장자다. 내게는 모든 것이 넘친다"고 믿고 말하며 행동합니다. 그러면 사람들은 묻습니다.

"돈이 엄청 많은가 봐요?"

"그건 비밀입니다. 어쨌든 나는 억만장자입니다."

"돈이 많아야 억만장자가 아닌가요?"

"돈이 많든 적든 나는 언제나 억만장자입니다."

나는 정말 돈과 상관없이 항상 억만장자 믿음으로 살았습니다.

그러자 그 믿음대로 내게는 날마다 하나님의 기적이 일어났고 모든 필요한 것이 순간마다 넘치게 채워졌습니다. 돈은 일시적인 현상입니다. 돈은 있다가도 없고 없다가도 생깁니다. 그러므로 눈에 보이는 돈을 바라보면 마음이 움츠러듭니다. 돈을 주시는 예수님과 기적을 일으키는 말씀을 바라보면 마음이 넉넉해집니다. 나는 돈 문제가 생길 때마다 이 말씀을 떠올렸습니다.

"나의 하나님이 그리스도 예수 안에서 영광 가운데 그 풍성한 대로 너희 모든 쓸 것을 채우시리라."(빌 4:19)

하나님은 어제도 채우셨고 오늘도 채우시고 내일도 채우십니다. 그분은 어제나 오늘이나 영원토록 동일하신 분입니다. 내게는 예수 그리스도로 말미암은 하나님의 은혜가 넘치고 있습니다.

"하나님이 능히 모든 은혜를 너희에게 넘치게 하시나니 이는 너희로 모든 일에 항상 모든 것이 넉넉하여 모든 착한 일을 넘치게 하게 하려 하심이라."(고후 9:8)

나는 부정적인 사람들의 "안 된다, 미쳤다"는 말을 듣지 않고 모든 것을 가능하게 하시는 하나님의 말씀을 따라 살아왔습니다. 그럴 때 내 인생에는 일곱 가지의 놀라운 기적이 일어났습니다.

첫째, 그분은 '능히' 모든 공급을 해주셨습니다.

둘째, 한 가지만 아니라 '모든 은혜'를 넘치게 하셨습니다.

셋째, 그분은 나 한 사람에게만 아니라 내 주위에 있는 모든 사람 곧 '너희에게'까지도 넘치게 하셨습니다.

넷째, 그분은 한 가지 일만 아닌 '모든 일'을 하게 하셨습니다.

다섯째, 그분은 한 번만 아닌 '항상' 채우셨습니다.

여섯째, 그분은 한 가지만 아닌 '모든 것'을 채우셨습니다.

일곱째, 그분은 조금이 아닌 '넉넉하게' 채우셨습니다.

하나님은 나로 하여금 모든 일에 항상 모든 것이 넉넉하여 모든 착한 일을 넘치게 하게 하셨습니다. 이 얼마나 놀랍습니까?

하나님과 함께하는 삶은 억만장자의 삶이 아닐 수 없습니다.

"그렇다면 당신에게는 힘든 적이 한 번도 없었나요?"

아닙니다. 나에게도 힘든 적이 많았습니다. 하지만 그럼에도 불구하고 나는 습관을 따라 오직 믿음만 말했습니다.

"그래도 나는 억만장자다."

내가 왜 이 말을 입버릇처럼 할 수 있었을까요?

하나님의 음성 때문입니다.

하나님은 내가 돈 문제로 힘들어하며 고개를 숙이고 어깨를 늘어뜨릴 때마다 내 마음에 이렇게 말씀하셨습니다.

'그래도 너는 억만장자다. 내가 다 채워 줄게. 걱정 마라.'

그러면 나는 그 음성을 내 것으로 받아 이렇게 말했습니다.

"그래도 나는 억만장자다."

그렇습니다. 나는 현상과 상관없이 억만장자입니다.

내가 처음 서울 잠실에 와서 교회를 개척했을 때, 한 번은 요금을 제때에 못 내 전기가 끊긴 적이 있었습니다. 주일 예배 시간에 전기와 관련된 모든 것이 중단되었습니다. 천정의 모든 등이 꺼져 예배당은 어두웠고 추운 날씨에 난로도 안 돌아갔습니다. 마이크도 안 되어 생 목소리로 설교했습니다. 그래도 괜찮습니다. 나는 억만장자니까. 예수님도 마이크 없이 설교하셨습니다.

사실 전기가 끊긴 것은 그때 한 번뿐이었습니다. 그 후로 20년간 전기가 끊긴 적이 없었습니다. 월세도 어떻게든 다 냈습니다.

그때 교회는 보증금 천만 원에 월세 80만 원을 냈고, 사택은 보증금 300만 원에 월세 30만 원을 내며 지하방에서 아이들 네 명을 키웠습니다. 하지만 나는 아이들에게 오직 부요 믿음만 말했습니다.

"아빠는 억만장자다. 은행에 돈이 엄청 많아."

그래서 나의 자녀 네 명은 자기 아빠가 서울에서 가장 잘 사는 최고의 억만장자인 줄로 굳게 믿었습니다.

"우리 아빠는 서울에서 가장 큰 부자야."

"그래, 아빠는 억만장자야."

"근데 아빠는 어느 은행에 돈이 가장 많이 있어?"

"그건 몰라도 돼. 아빠만의 비밀이야."

그때 나는 '하나님 아빠의 천국 은행'을 떠올렸습니다.

아이들이 필요한 것을 말할 때면 조금만 기다리라고 했습니다.

"아빠가 며칠 후에 은행에 가서 돈 찾아올게."

나는 즉시 아이들이 원하는 용돈과 필요한 것들을 하나님께 구했습니다. 그리고 며칠 지나면 그것이 어떻게든 들어왔습니다.

내 믿음은 죽은 자를 살리시며 없는 것을 있는 것처럼 부르시는 하나님께 대한 믿음이었습니다. 나는 생각했습니다.

'하나님은 어떻게든 주신다. 없는 것은 만들어서라도 주신다.'

하나님의 음성을 듣고 서울 잠실로 와서 10년이 넘도록 힘든 생활을 했습니다. 일주일에 만 원으로 여섯 식구가 생활한 적도 많았고 교통비가 없어 하루 종일 꼼짝 못한 적도 있었고 등록금이 없어 신학대학원도 3년이나 휴학했고 월세도 10개월간 못 내 남은 보증금 53만 원 들고 쫓겨나다시피 이사한 적이 있었습니다. 뭐 그래도 괜찮습니다. 그리스도 안에서 나는 억만장자니까.

"그래도 나는 억만장자다."

내 가슴에 믿음이 가득했기 때문에 나는 억만장자였습니다.

나는 지금까지 성령님의 음성을 듣고 순종하며 살았습니다.

성령님의 음성을 따라 내가 몰던 차를 팔아 개척 교회에 헌금으로 다 드렸습니다. 얼마 후에 다른 차를 샀지만 그 차도 성령님의 음성을 따라 한 목사님에게 주었습니다. 나는 차가 없이 몇 년간 불편하게 생활했습니다. 그래도 괜찮습니다. 나는 억만장자니까.

차가 없어도 괜찮습니다. 걸어 다니고 전철과 버스, 택시를 타고 다니면 됩니다. 나는 강연 일정이 잡히면 서울과 경기 지역은 택시를 타고 다녔고 지방에는 렌트해서 다녔습니다. 그래도 사람들은 나를 보고 억만장자라고 불렀습니다. 왜일까요? 내가 한 번도 사람들

앞에서 "돈이 없다. 힘들다. 괴롭다. 비참하다"라고 말한 적이 없었기 때문입니다. 나는 현상과 반대로 말했습니다.

"나는 억만장자다. 돈이 엄청 많다. 하나님이 내 아버지다."

그러자 어떤 사람은 내가 지하에 사는데도 찾아와 몇 억을 빌려달라고 부탁했습니다. 내가 지하 방으로 초청해 된장찌개를 끓여 식사를 대접해도 그들은 내가 가난하다고 생각하지 않는 것 같았습니다. 그들은 눈에 보이는 곰팡이가 가득한 지하 방이나 해어진 단벌 옷을 믿지 않고 내가 말하는 것만 믿었던 것입니다.

"김열방 목사님은 억만장자야."

그렇게 10년, 20년의 세월이 지나갔습니다. 어떻게 되었을까요?

실제로 내 삶에 억만장자의 부가 나타났습니다. 보증금 300만 원에 월세 30만 원을 내던 내가 보증금 500만 원에 월세 50만 원을 받게 되었습니다. 티코를 타던 내가 벤츠를 타게 되었습니다. 매달 몇만 원씩 후원을 받던 내가 여러 사역자들을 후원하게 되었고 헌금도 마음껏 하게 되었습니다. 마이너스 통장도 플러스 통장이 되었고 마이너스 인생이 플러스 인생으로 바뀌었습니다.

어떤 이는 믿음의 눈이 아닌 자연의 눈으로 나를 보고 비웃었습니다. "지하에 살면서 억만장자라고? 속이는 거 아냐?"

아닙니다. 나는 바울처럼 속이는 자 같으나 참된 자였습니다.

"우리는 속이는 자 같으나 참되다."(고후 6:8)

나는 믿음을 따라 정직하게 말했고 그들은 현상을 따라 거짓을 말했습니다. 현상은 잠깐 있다가 지나가는 허상입니다.

　눈에 보이는 것을 따라 불평하고 원망하는 사람은 죄짓고 목마르고 병들고 가난하고 어리석고 고생만 하는 삶을 삽니다.

　"나는 죄인이야"라고 말한 사람은 자꾸 죄를 짓습니다.
　"나는 목이 말라"라고 말한 사람은 우울증에 시달립니다.
　"나는 아파"라고 말한 사람은 병과 연약함으로 빨리 죽습니다.
　"나는 가난해"라고 말한 사람은 길거리 노숙자가 됩니다.
　"나는 어리석어"라고 말한 사람은 바보처럼 삽니다.

　그들과 달리 정직하게 '예수님이 십자가에서 다 이룬 복음에 대한 믿음'만 말한 사람은 인생이 바뀌었고 크게 성공했습니다. 그들이 꿈꾸고 생각하고 말한 대로 다 되었습니다. 큰 복을 받았습니다.

　"나는 의인이야"라고 말한 대로 거룩하게 삽니다.
　"나는 성령 충만해"라고 말한 대로 기름 부음이 흐릅니다.
　"나는 건강해"라고 말한 대로 병과 연약함이 다 떠나갑니다.
　"나는 억만장자야"라고 말한 대로 원하는 부를 얻습니다.
　"나는 천재야"라고 말한 대로 하나님의 지혜가 넘칩니다.

　과연 누가 정직한 사람일까요?
　눈에 보이는 현상은 시시각각 바뀌고 마음을 흔듭니다. 하지만 눈에 보이지 않는 믿음은 어제나 오늘이나 영원토록 동일합니다. 보이는 것이 전부가 아니므로 당신은 보이는 것을 따라 살면 안 됩니다.

"우리가 주목하는 것은 보이는 것이 아니요 보이지 않는 것이니 보이는 것은 잠깐이요 보이지 않는 것은 영원함이라."(고후 4:18)

당신은 어떤 것을 주목하고 있습니까? 보이는 것입니까? 보이지 않는 것입니까? 보이지 않는 것 곧 믿음을 따라 사십시오.

5년, 10년째 아직도 고시원, 쪽방, 원룸, 월세, 전세로 살고 있습니까? "그래도 나는 억만장자다"라고 중얼거리며 부요 믿음으로 사십시오. 더딘 것 같아도 어느 날 하루 만에 하나님이 큰 복을 주실 것입니다. 넓은 아파트와 높은 빌딩을 사게 될 것입니다.

'부요 믿음과 성령님의 음성'이 당신의 가장 큰 재산입니다.

지금 우주 만물의 주인이신 예수님이 당신 안에 실제로 살아 계십니다. 그분이 당신에게 이렇게 말씀하십니다.

"그래도 너는 억만장자다."

그러면 당신은 이렇게 말해야 합니다.

"네, 주님. 저는 억만장자입니다."

매일 아침에 일어나면 이렇게 중얼거리십시오.

"나는 억만장자다."

2020년 2월 20일

김 열 방

[목차]

나는 부요 믿음으로 살아왔다

가난이 아닌 부에 대한 믿음을 가지라

당신은 가난에 대한 믿음을 갖고 있지 않습니까?

오늘 부로 가난에 대한 믿음을 완전히 내려놓으십시오.

그렇지 않으면 평생 가난하게 살 것입니다. 그것도 당신만 아니라 당신의 자손 3, 4대까지 가난을 면치 못하게 될 것입니다. 왜냐고요? 인생은 믿음대로 되기 때문입니다. 가난을 믿으면 가난해지고 부요를 믿으면 부요해집니다. 기왕이면 부요를 믿으십시오.

앤드류 매튜스는 "종교적인 가르침은 가난한 자들에게 먹을 것과 입을 것을 주라고 했지 사람들에게 가난해지라고 말한 적은 없다"고 했습니다. 가난은 저주이며 사람을 비참하게 만듭니다.

과거에 나는 참 가난하게 살았습니다. 그런 내가 예수님이 십자가에서 다 이루었다는 온전한 복음을 깨닫고 난 후로부터 부요의 강이 흐르게 되었습니다. 내가 결제해야 할 돈이 날마다 기적적으로 들어왔고 내 지갑에 돈이 비는 날이 없었습니다. 지금도 나와 가정, 교회의 재정이 날마다 증가하고 있습니다.

당신도 "나의 재정이 날마다 증가하고 있다"고 믿고 말하십시오. 그러면 그대로 됩니다. 인생은 믿음대로 말한 대로 되기 때문입니다. 예수님은 "그러므로 내가 너희에게 말하노니 무엇이든지 기도하고 구하는 것은 받은 줄로 믿으라. 그리하면 너희에게 그대로 되리라"(막 11:24)고 하셨습니다. 무엇이든 받은 줄로 믿으십시오.

재정에 대해서도 한 번 기도하고 구했으면 그 순간에 이미 받은 줄로 믿어야 합니다. 그럴 때 전능하신 하나님께서 그 믿음대로 계속 필요한 재정을 넘치게 채워 주십니다.

돈에 대한 부정적인 생각을 바꾸라

당신은 돈에 대해 부정적인 생각을 갖고 있지 않습니까?

"돈이 뭐 중요해? 인생에는 돈보다 중요한 것이 많아."

맞습니다. 인생에는 돈보다 중요한 것이 정말 많습니다. 하지만 돈은 안정되고 부요한 삶을 살아가는데 꼭 필요합니다.

당신의 생활에 필요한 대부분은 돈으로 결제해야 합니다.

내가 "돈이 뭐 중요해? 인생에는 돈보다 중요한 것이 많아"라고 했을 때 나와 거래하는 사람들은 모두 이렇게 대답했습니다.

"하지만 돈을 안 내면 전기를 끊겠습니다."
"하지만 돈을 안 내면 수도를 끊겠습니다."
"하지만 돈을 안 내면 핸드폰을 끊겠습니다."
"하지만 돈을 안 내면 대출을 회수하겠습니다."
"하지만 돈을 안 내면 카드를 정지시키겠습니다."
"하지만 돈을 안 내면 학교에 못 나옵니다."

그들은 나를 보고 "인상이 참 좋다, 법이 없어도 살 것 같다"고 말했지만 거래하는 일에 있어서는 아주 단호했습니다.

"당신이 아무리 착하고 좋은 사람이어도, 기도와 금식, 구제와 선교를 많이 한다 해도 우리와 거래하려면 돈을 내야 합니다."

그들이 나를 불쌍히 여겨 어느 정도는 봐줄 거라고 생각했지만 한 치의 양보도 없었습니다. 나는 3년 만에 졸업해야 할 대학원을 6년 간 다녀야 했고, 한 번은 등록금을 며칠 미뤘다가 총장의 지시로 학교에서 제적을 당했다가 재 입학금을 내고 다시 다녀야 했습니다.
내가 학교를 안 다녀도 돈을 내니까 관계가 유지되었습니다.
나는 신학대학원에 시험을 쳐서 합격한 후에 입학금과 등록금을 내고 즉시 휴학계를 내고 집에 앉아 책을 쓰기 시작했습니다. 등록금을 냈기 때문에 1년간 쉬었지만 학교와의 관계는 유지되었습니다.

하지만 3학년 때는 등록금을 제때 못 내자 새로 부임한 총장이 "기간 내에 등록하지 않은 학생은 모두 제적시켜라"고 지시했고 나를 비롯한 수많은 신학생들이 제적을 당했습니다. 제적당한 후에 며칠이 지나서 등록금이 마련되어 학교에 갔지만 "등록이 안 된다, 재 입학금을 추가로 내야 한다"고 말했습니다. 주의 종을 키우는 신학대학원에서 왜 이런 일이 생겼을까요? 돈 때문입니다. 신학대학과 대학원에는 등록 기간이 되면 많은 신학생들이 등록금 때문에 산에 올라가서 금식하고 철야하며 오랫동안 간절히 기도합니다.

"착하게만 살면 되지 않나요?"

거래할 때는 돈을 내는 사람이 착한 사람입니다.

"나는 착한 사람인데 왜 집을 사고 팔 수 없나요?"

"당신이 세금을 내지 않으면 집을 취득, 양도할 수 없습니다."

그래서 나는 집을 살 때 세금을 10원도 남김없이 다 냈습니다.

"나는 착한 사람인데 왜 내 차 번호판을 떼 가나요?"

"당신이 세금을 내지 않으면 자동차 번호판을 떼 가겠습니다."

내가 자동차세 납부를 미루자 구청에서 어떻게든 내 차가 있는 곳을 찾아 번호판을 떼 가겠다고 경고문을 붙였습니다. 나는 자동차세를 완불했고 그 이후로는 세금을 정확하게 잘 내고 있습니다.

"나는 착한 사람인데 왜 아파트 압류 서류가 날아오나요?"

"당신이 부동산세를 내지 않으면 아파트를 차압하겠습니다."

나는 부동산세를 10원도 남기지 않고 다 냈습니다.

"나는 착한 사람인데 왜 성전 건축을 중단하나요?"

"당신이 건축비를 지불하지 않으면 더 이상 지을 수 없습니다."

세상 모든 것이 이와 같습니다. 당신이 마땅히 내야 할 돈을 내지 않으면 하던 일을 모두 중단해야 합니다. 다른 사람이라도 대신 내 주어야 합니다. 그렇지 않으면 거래가 중단됩니다.

거래할 때 착한 사람은 '돈을 내는 사람'입니다.

그래서 성경은 이렇게 말씀합니다.

"모든 자에게 줄 것을 주되 공세를 받을 자에게 공세를 바치고 국세 받을 자에게 국세를 바치고 두려워할 자를 두려워하며 존경할 자를 존경하라."(롬 13:7)

당신이 아무리 마음이 착해도 거래하려면 돈을 내야 합니다.

국가와 거래하려면 세금을 내야하고 개인과 거래하려면 가치에 상당한 가격을 지불해야 합니다. 당신이 집 앞에 있는 편의점에 가서 물 한 병을 사서 마시려고 해도 반드시 돈을 내야 합니다.

돈을 내지 않고 생수를 가져가면 도둑이 됩니다.

"당신이 돈을 내지 않으면 생수를 드릴 수 없습니다."

프랑스의 소설가 빅토르 위고가 1862년에 쓴 소설 <레미제라블>에 나오는 주인공 장 발장은 가엾은 조카들을 위해 겨우 빵 한 조각을 훔친 죄로 19년의 징역을 살아야 했습니다.

아무리 급한 일이 생겨도 돈이 없으면 거절당합니다.

"병원비를 내지 않으면 수술할 수 없습니다."

"돈을 내지 않으면 입원과 치료가 불가합니다."

"약값을 내지 않으면 약을 사갈 수 없습니다."

"등록금을 내지 않으면 수업을 들을 수 없습니다."

"밥값을 내지 않으면 식사할 수 없습니다."

"표 값을 내지 않으면 비행기를 탈 수 없습니다."

"숙박비를 내지 않으면 호텔에 머물 수 없습니다."

공짜 좋아하는 교인들이 있는데, 세상에 공짜는 없습니다.

"돈을 안 내도 길거리에서 밥을 나눠주던데요."

"돈을 안 내도 서울 시장이 전철 표를 나눠주던데요."

그러면 평생 노숙자로 살아야 합니다. 사실 길거리에서 나눠 주는 밥도 다른 사람이 값을 지불한 것입니다. 시에서 나눠준 공짜 전철 표도 다른 사람이 돈을 벌어 세금을 낸 것입니다.

"공짜로 구원 받은 것이 아닌가요?"

결코 아닙니다. 하나님의 아들 예수 그리스도가 십자가에서 피와 땀과 눈물을 쏟으며 우리의 모든 죄와 저주에 대한 값을 다 지불했기 때문에 우리가 믿음으로 거저 구원을 얻는 것입니다.

그렇지 않았다면 우리가 죽을 때까지 율법 행위로 값을 지불해야 되었을 것입니다. 하지만 율법의 의는 더러운 옷과 같고 율법 행위로는 의롭다 함을 얻을 육체가 단 한 명도 없기 때문에 하나님이 독생자 예수 그리스도를 통해 값을 지불하기로 작정하신 것입니다. 이것은 공짜가 아닙니다. 1만 달란트(20조 원)가 아닌 10만 달란트(200조 원)로도 불가합니다. 억만금 아니 억만 달란트를 주고도 살 수 없는 귀한 것이 '구원'입니다. 억만 달란트로도 살 수 없는 큰 구

원의 은혜를 거저 받았다는 사실을 기억하고 감사하십시오. 당신은,

억만 달란트로도 살 수 없는 의를 선물로 받았습니다.
억만 달란트로도 살 수 없는 성령을 선물로 받았습니다.
억만 달란트로도 살 수 없는 건강을 선물로 받았습니다.
억만 달란트로도 살 수 없는 부요를 선물로 받았습니다.
억만 달란트로도 살 수 없는 지혜를 선물로 받았습니다.
억만 달란트로도 살 수 없는 평화를 선물로 받았습니다.
억만 달란트로도 살 수 없는 생명을 선물로 받았습니다.

예수님이 우리의 죄와 목마름, 병과 가난, 어리석음과 징계와 죽음을 다 짊어지고 십자가에서 피와 땀과 눈물을 흘리며 죽으셨습니다. 그리고 그 은혜를 믿는 우리에게 의와 성령 충만, 건강과 부요함, 지혜와 평화와 생명을 선물로 주셨습니다.

그러므로 우리가 억만 번이나 감사하며 춤추는 것이 당연합니다.

하루 종일 기뻐하고 감사하고 감격하며 사십시오. "항상 기뻐하라. 쉬지 말고 기도하라. 범사에 감사하라. 이는 그리스도 예수 안에서 너희를 향하신 하나님의 뜻이니라."(살전 5:16~18)

돈 때문에 우는 일은 없어야 한다

당신은 돈이 뭐라고 생각하십니까?

이 땅에서 사는 동안 돈은 움직이기 위한 '연료'와 같습니다.

자동차에 연료가 없으면 어떻게 도로 위를 마음껏 달리겠습니까?

비행기에 연료가 없으면 어떻게 하늘을 마음껏 날겠습니까?

우리 몸에도 연료가 없으면 걷거나 뛸 수 없습니다. 집에도 연료가 없으면 난방을 할 수 없습니다. 구멍가게나 중소기업, 대기업에도 돈이라는 연료가 없으면 제대로 운영할 수 없습니다.

모든 자동차에 연료가 필요하듯 모든 일에 돈이 필요합니다.

하나님 아버지는 이러한 사실을 잘 아시기 때문에 당신의 가난 문제를 다 해결하신 것입니다. 예수님은 당신의 죄만 담당하신 것이 아니라 가난도 담당하셨습니다. 그러므로 당신은 이 땅에서 부요하게 살아야 합니다. 돈 때문에 우는 일은 없어야 합니다.

"우리 주 예수 그리스도의 은혜를 너희가 알거니와 부요하신 자로서 너희를 위하여 가난하게 되심은 그의 가난함을 인하여 너희로 부요케 하려 하심이니라."(고후 8:9)

예수님은 당신의 과거와 현재와 미래의 가난을 모두 담당하셨습니다. 그러므로 당신은 과거에도 현재도 미래에도 부요하게 살아야 합니다. 이것이 창세전에 정해진 당신의 운명입니다.

"곧 창세전에 그리스도 안에서 우리를 택하사 우리로 사랑 안에서 그 앞에 거룩하고 흠이 없게 하시려고 그 기쁘신 뜻대로 우리를 예정하사 예수 그리스도로 말미암아 자기의 아들들이 되게 하셨으니 이는 그의 사랑하시는 자 안에서 우리에게 거저 주시는 바 그의 은혜의 영광을 찬미하게 하려는 것이라."(엡 1:4~6)

하나님은 당신의 영혼과 마음과 몸, 그리고 돈 문제에도 흠이 없기를 원하십니다. 그래서 흠이 생기지 않도록 계속 채우십니다.

돈 문제를 해결하지 못하면 가진 것을 잃게 됩니다. 모든 청구서를 잘 결제하고 미래를 위해 저축하는 것을 중요하게 여기십시오.

노아는 다가올 재난을 대비해 저축했습니다.

"너는 먹을 모든 양식을 네게로 가져다가 저축하라.
이것이 너와 그들의 먹을 것이 되리라."(창 6:21)

다윗도 성전 건축을 위해 꾸준히 저축했습니다.

"우리 하나님 여호와여 우리가 주의 거룩한 이름을 위하여 성전을 건축하려고 미리 저축한 이 모든 물건이 다 주의 손에서 왔사오니 다 주의 것이니이다."(대상 29:16)

미리 저축하는 것은 하나님의 뜻입니다.
해외에 선교하기 위해 미리 저축하십시오.
성전을 건축하기 위해 미리 저축하십시오.
개미처럼 일하며 꾸준히 저축하십시오.
퇴직과 노년을 위해 미리 저축하십시오.

당신도 부에 대한 복음을 깨달아야 한다

당신은 부에 대한 복음을 알고 있습니까?

내가 부에 대한 복음을 깨닫는 순간 내 인생에 큰 전환이 왔습니다. 거지의 누더기 옷을 걸치고 살던 내가 황태자의 채색 옷을 입고 살게 되었습니다. 나는 말과 생각을 완전히 바꾸었습니다.

"나는 이제 절대로 누더기 옷을 걸치고 다니지 않을 거야. 나는 거지의 삶을 완전히 청산했어. 나는 그리스도 안에서 부요해."

소경 거지 바디매오가 예수님을 만난 순간 거지의 누더기 옷을 벗어 던지고 뛰어나왔습니다. 그는 이렇게 마음먹었던 것입니다.

"나는 더 이상 구걸하며 가난하게 살지 않을 거야. 나는 하나님이 주신 부를 누리며 사람들에게 마음껏 베풀며 살 거야."

예수님께서 당신의 가난을 다 짊어지셨습니다. 당신은 더 이상 누더기 옷을 걸치고 다닐 이유도 필요도 없습니다. 누더기 옷을 걸치고 다니며 궁상떠는 사람들은 "예수님이 내 가난을 짊어지신 것을 인정 못해. 나는 그것을 믿지 않아"라면서 예수 그리스도의 십자가를 부인하고 그분을 다시 십자가에 못 박는 것과 같습니다.

예수 믿는 사람들은 궁상떨지 말고 잘 살아야 합니다.

우리는 우주 만물의 주인이신 하나님의 자녀들이며 천국의 왕이신 예수 그리스도의 대사들입니다. 그에 걸맞게 잘 먹고 잘 살고 잘 누리며 잘 나눠주는 삶을 살아야 합니다. 그리고 복음을 전파하기 위해 성령님의 음성을 따라 돈을 잘 쓸 수 있어야 합니다.

가난한 사람을 불쌍히 여기는 것은 하나님이 주신 마음입니다.

"그는 가난한 자와 궁핍한 자를 불쌍히 여기며
궁핍한 자의 생명을 구원하며……."(시 72:13)

약하고 가난한 자를 불쌍히 여기십시오. 가난한 자들의 목숨을 건져주십시오. 하지만 가난 자체를 인정하고 받아들이고 좋아하지는 마십시오. 가난은 죄의 결과요 지옥의 속성이기 때문입니다. 가난 때문에 죄 짓고 이혼하고 병들고 싸우는 사람들이 많습니다.

한 아이가 울며 자기 아버지에게 이렇게 말했습니다.

"아빠, 나는 우리 집안의 가난에 대해 변명하는 것이 지긋지긋해요. 다른 사람들에 비해 무엇 하나 모자라는 것이 없는데 왜 우리 집안은 이렇게 가난하게 살아야 해요? 나는 가난이 싫어요."

그 아버지는 말하기를 "애야, 이것은 어쩔 수 없이 대대로 내려온 우리의 운명이다. 너는 받아들여야 한다"고 했습니다.

과연 그럴까요? 아닙니다. 그리스도 안에서 당신의 가난한 운명을 부요한 운명으로 바꿀 수 있습니다. 생각을 바꾸십시오.

당신이 어제도 오늘도 영원히 가난하게 사는 것은 하나님의 뜻이 아닙니다. 만약 그렇다면 예수님이 당신의 가난을 다 짊어지고 십자가에서 벌거벗긴 채로 죽으실 필요가 있었을까요?

그분은 당신의 죄만 짊어지신 것이 아니라 가난까지 함께 짊어지셨습니다.(고후 8:9) 내가 복음을 깨닫고 난 후에 땅을 치며 통곡한 것이 있는데 그것은 내가 그동안 너무 가난하게 살았다는 것입니다. 나는 억울해서 눈물을 많이 흘렸습니다. 그리고 내 마음에서 거짓의 아비 마귀에 대한 큰 분노가 일어났습니다.

"이 괘씸한 놈 마귀야. 너한테 속아서 내가 너무 가난하게 살았구나. 지긋지긋한 가난 속에 살면서도 그것이 옳은 줄 알았다. 나는 오늘 부로 가난한 삶을 완전히 청산할 거야. 부요한 하나님의 자녀답게 좋은 옷을 입고, 좋은 음식을 먹고, 좋은 집에 살며, 좋은 차를 타고 다니며, 멋지게 복음을 전파하며 살 거야. 나는 그리스도 안에서 억만장자야. 나와 내 자녀들은 평생 부요하게 살 거야."

그렇게 마음먹자 계속 재물이 흘러 들어왔습니다.

당신은 거지가 아닌 왕자입니다. 왕자가 부를 누리는 것은 당연한 것입니다. 당신은 하나님이 주신 부를 자연스럽게 누릴 줄 알아야 합니다. 모든 것을 후히 주사 누리게 하시는 창조주 하나님이 당신의 아버지이기 때문입니다.(딤전 6:17)

믿음으로 하나님의 부를 누리라

당신은 매일 하나님이 주시는 부를 누리고 있습니까?

나는 매일 하나님이 주시는 부를 누리며 풍요롭게 살고 있습니다.

하지만 예전에는 하나님이 내게 주신 부를 제대로 누리지 못했습니다. 아무리 하나님이 당신에게 많이 주셔도 그것을 잘 누리지 못하면 소용없습니다. 하나님은 다른 사람에게 베푸는 것도 좋지만 그분의 자녀인 당신이 먼저 누리며 행복하게 살기를 원하십니다.

"오직 우리에게 모든 것을 후히 주사 누리게 하시는 하나님께 두며 선을 행하고 선한 사업을 많이 하고 나누어 주기를 좋아하며 너 그러운 자가 되게 하라."(딤후 6:17~18)

어릴 때부터 자신을 위해 돈을 내도록 코치해야 합니다.

어느 날 한 아이와 함께 슈퍼에 들어가서 아이가 과자를 골랐는데 나보고 돈을 내라고 했습니다. 내가 말했습니다.

"네가 돈을 내면 되잖니? 아빠가 네게 일주일 동안 쓰라고 용돈을 줬잖아. 지갑 속에 있는 네 돈을 꺼내 사 먹어."

"아빠가 사줘."

"아니, 네가 직접 내고 사 먹어."

"치사한 아빠."

"아빠가 치사한 게 아니고 네가 직접 돈을 내고 사 먹는 건 중요해. 네가 그것을 사 먹고 싶으면 다른 사람이 돈을 내주기를 바라지 말고 네가 직접 돈을 내야 하는 거야."

아이는 내 코칭을 받아들이고 자기가 직접 돈을 내 원하는 물건을 샀습니다. 나는 그 아이에게 잘했다고 말했습니다.

"잘했다. 가치 있는 것에는 자기가 직접 투자할 수 있어야 해."

"응, 알았어. 아빠."

나 자신을 위해 돈을 쓸 줄 알아야 합니다. 내가 먹는 것, 내가 입는 것, 내가 누리는 것이 필요하다고 생각될 때 그것들을 구입하기 위해 아낌없이 돈을 낼 줄 알아야 합니다.

다른 사람에게 선물하기 위해서는 돈을 아낌없이 쓰면서 자신을 위해서는 10원짜리 하나도 벌벌 떠는 사람이 있습니다. 자신에 대한 믿음이 없어서 그렇습니다. 생각을 바꾸어야 합니다.

또 하루는 그 아이와 함께 비디오방에 가서 만화영화 테이프를 하나 골랐는데 돈을 안 내고 버티는 것이었습니다.

"아빠, 이건 아빠가 꼭 내 줘야 돼."

"네가 보고 싶은 영화를 골랐으니 네가 직접 돈을 내."

한참 동안 실랑이를 벌렸습니다. 아직 일곱 살 밖에 되지 않았지만 나는 그 아이에게 부요 의식으로 누리는 것을 가르쳤습니다.

"너는 거지가 아니야. 너는 하나님의 자녀고 재벌이야. 네게 주어진 돈으로 네 자신이 누리는데 쓸 수 있어야 해. 그게 믿음이야. 네가 원하는 것이 있으면 네 돈으로 사. 네가 그렇게 돈을 쓰면 아빠가 또 채워 줄게. 자신이 원하는 것의 가치를 인정하고 과감하게 투자하는 사람이 지혜로운 사람이야. 그래야 더 큰 부를 얻게 돼"

나는 다른 사람이 돈을 내고 내게 뭔가를 사 주는 것도 좋아하지만 나 자신이 직접 돈을 내고 사는 것을 더 좋아합니다.

당신도 자신이 원하는 것이 무엇인지 알고 그것을 사기 위해 직접 돈을 지불할 줄 알아야 합니다. 이것이 하나님이 주신 부를 누리는 방법입니다. "주라. 그리하면 너희에게 줄 것이니 곧 후히 되어 누르고 흔들어 넘치도록 하여 너희에게 안겨 주리라"고 했습니다. 부요 의식으로 쓰고 베풀고 누리라는 말씀입니다.

그러려면 '자기 가치'를 인정해야 합니다.

그것이 곧 예수 그리스도와 그가 십자가에 못 박히신 것을 인정하는 것이고 하나님이 자신의 아버지임을 인정하는 것입니다.

"나는 이것을 누릴 자격과 가치가 있어"라고 믿고 자신에게 필요한 옷과 음식, 집과 차, 여행과 산책, 책 구입과 코칭 과정 등록을 위해 돈을 쓸 줄 알아야 합니다. 돈이 없다며 궁상떨지 마십시오.

더 이상 거지처럼 살지 마십시오. 과감히 거지의 누더기와 함께 모든 궁상떠는 것들을 벗어던지고 불태우십시오. 노예와 하녀가 아닌 부요한 왕자와 공주의 삶을 살기로 선택하십시오.

당신은 부요한 왕족입니다.

당신이 진정으로 원하는 것을 선택하라

당신은 당신이 원하는 것에 대해 선택하고 책임을 집니까?

나는 내가 원하는 것을 선택하고 그것에 대한 책임을 집니다.

하나님은 예수 그리스도를 통해 십자가에서 다 이루어 놓으신 후에 "네가 원하는 것을 선택하라"고 말씀하셨습니다. 인생은 선택이며 당신이 오늘 누리고 있는 모든 것은 어제 당신이 선택한 것입니다. 그리고 오늘 선택한 것을 내일 얻게 됩니다.

그래서 나는 항상 최하가 아닌 최고를 선택하려고 애씁니다.

당신은 어떻습니까? 항상 최고를 선택하고 있습니까?

인생에 있어 가장 중대한 선택은 '영혼을 위한 선택'입니다.

당신은 예수님이 십자가에서 다 이루어 놓으신 복음을 믿을 것인가, 아니면 믿지 않고 거부할 것인가를 선택해야 합니다.

"주 예수를 믿으라. 그리하면 너와 네 집이

구원을 받으리라 하고......."(행 16:31)

영혼에 대해 자신이 선택한 것에 대해서는 스스로 책임을 져야 합니다. 부모도 친척도 친구도 그 누구도 책임져 주지 못합니다.

"믿고 세례를 받는 사람은 구원을 얻을 것이요
믿지 않는 사람은 정죄를 받으리라."(막 16:16)

하나님 앞에서 믿음으로 살고 선택에 대한 책임을 지십시오.

많은 사람들이 나에게 상담을 요청합니다. 나는 그들에게 "이렇게 하는 것이 가장 좋다"며 권하지만 결국 최종 선택은 본인이 해야 하고 거기에 대한 모든 책임도 자신이 져야 합니다.

나는 하나님이 기름 부어 세우신 그리스도의 대사로서 하늘과 땅의 모든 권세를 가지고 사람들에게 담대히 복음을 전합니다.

"예수 그리스도가 여러분의 모든 죄를 짊어지고 십자가에서 피 흘려 죽으셨습니다. 그분은 하나님의 아들이시며 죽은 지 사흘 만에 다시 살아나셨습니다. 지금 당장 예수 그리스도를 구주로 믿고 영접하십시오. 예수를 믿으면 구원을 얻습니다. 하지만 예수를 믿지 않으면 심판을 받습니다. 지금 결정을 내리십시오."

그럴 때 순종하고 믿는 사람들은 즉시 구원을 얻습니다.

그렇지 않고 불순종하는 사람들은 심판을 받고 하나님과 상관없는 삶, 마음에 평화가 없는 지옥 같은 삶을 살다가 죽으면 지옥으로 떨어집니다. 만약 당신이 아직 예수 그리스도를 구주로 영접하지 않았다면 이 책을 읽는 지금, 나를 따라 "예수를 구주로 믿고 영접합니다"라고 소리 내어 고백하기 바랍니다. 그러면 모든 죄를 사함 받고 성령으로 거듭나 하나님의 자녀가 됩니다.

"영접하는 자 곧 그 이름을 믿는 자들에게는 하나님의 자녀가 되는 권세를 주셨으니 이는 혈통으로나 육정으로나 사람의 뜻으로 나지 아니하고 오직 하나님께로부터 난 자들이니라."(요 1:12~13)

하나님이 말씀하시면 즉시 순종하라

당신은 하나님이 말씀하시면 즉시 순종합니까?

나는 주님께서 이끄실 때마다 "예" 하고 즉시 순종하며 따라갔습니다. 그럴 때마다 참 잘했다고 생각하며 후회하지 않았습니다.

"참 잘했어. 내가 만약 그때 순종하고 발걸음을 옮기지 않았더라면 어떻게 되었을까? 머릿속으로만 원했더라면 나는 여전히 밑바닥 삶을 살고 있었을 거야. 하지만 나는 소경 바디매오가 겉옷을 벗고 뛰쳐나와서 예수님을 따라간 것처럼, 농부 엘리사가 소를 버리고 뛰쳐나와서 엘리야를 따라간 것처럼 행동했어. 머릿속에서만 계산하고 판단한 것이 아니라 '주여, 주여' 하는 그 믿음의 고백대로 발걸음을 옮겨서 행동한 거야. 내 믿음은 행하는 믿음이야. 참 잘했어."

하나님이 원하시는 믿음은 '행하는 믿음'입니다.

하나님은 당신이 애걸하기를 원치 않고 행하기를 원하십니다.

주께는 하루가 천 년 같고 천 년이 하루 같다고 했습니다.

천 년 동안 애걸해도 받지 못하는 응답이라도, 믿음으로 행할 때 하루 만에 응답받을 수 있습니다. 애걸만 하지 말고 행하십시오.

행함이 없는 믿음은 죽은 믿음입니다.

"이와 같이 행함이 없는 믿음은 그 자체가 죽은 것이라. 어떤 사람은 말하기를 너는 믿음이 있고 나는 행함이 있으니 행함이 없는 네 믿음을 내게 보이라. 나는 행함으로 내 믿음을 네게 보이리라 하리라. 아아, 허탄한 사람아, 행함이 없는 믿음이 헛것인 줄을 알고자 하느냐? 영혼 없는 몸이 죽은 것 같이 행함이 없는 믿음은 죽은 것이니라."(약 2:17~18, 20, 26)

하나님이 말씀하시면 애걸하지만 말고 믿음으로 행하십시오.

믿음으로 행하면 홍해가 갈라집니다.
믿음으로 행하면 물 위를 걷게 됩니다.
믿음으로 행하면 기적이 일어납니다.

하나님은 지금도 당신을 돌보고 계십니다.
하나님께서 당신과 모든 사역을 책임지십니다.
실천하지 않는 사람은 제자가 될 수 없습니다. 당신은 모든 것을 내려놓고 주님을 따르기로 마음에 결심해야 합니다. 순간적으로 좋아 보이고, 아름다워 보이고, 화려해 보이고, 먹음직해 보이는 것들을 다 내려놓고 영원한 소망이자 믿음의 주요 온전케 하시는 이인 예수님만 바라보며 믿음으로 나아가십시오. 그럴 때 당신의 삶은 가장 영광스럽고 복되고 존귀하게 펼쳐질 것입니다.

하나님이 보지 말라고 하신 것은 보지 마라

당신은 지금 무엇을 보고 있습니까?

사람마다 눈을 뜨면 습관적으로 뭔가를 보고 있습니다.

그리고 얼마 있지 않아 그 본 것을 얻게 됩니다. 아니면 그 본 것에 자기도 모르게 쑥 빨려 들어갑니다. 인생은 본대로 됩니다.

그러므로 당신이 무엇을 보느냐는 매우 중요한 문제입니다.

하나님이 보지 말라고 하는 것은 보지 말아야 합니다.

하나님은 내가 뭔가에 집중해서 보고 있을 때 말씀하십니다.

"그것은 보지 마라. 네가 봐야 할 것이 아니다."

그래도 나는 자꾸 마음이 빼앗겨 그것을 보게 됩니다.

"내가 보지 말라는 것은 보지 마라. 순종해라."

그제야 마음을 정리하고 눈을 돌려 그것을 보지 않게 됩니다.

하나님이 보지 말라는 것은 어떤 것이 있을까요?

하나님이 금하신 것들이 종류별로 있습니다. '꿈과 소원 목록'은 당신이 눈을 뜨고 봐야 할 것이고 때가 되면 얻게 될 것들입니다. 하지만 '보지 말아야 할 목록'도 있다는 것을 알아야 합니다.

하나님은 내게 빨간 벤츠를 선물로 주셨습니다.

어느 날 산책하는데 내 차 값의 반도 안 되는 차 한 대가 아주 예쁜 디자인으로 출시되어 도로변 전시장에서 화려한 조명을 받으며 아름다운 자태를 뽐내고 있었습니다. 나는 그 차를 보고 즉시 들어가 앉아서 운전대를 잡아 보았습니다. 구체적인 견적도 뽑고 사진도 여러 장 찍은 후에 이렇게 혼자 중얼거렸습니다.

"와, 정말 예쁘다. 디자인을 아주 잘했네. 이 차를 사고 싶어. 내가 아니면 다른 사람에게라도 권해서 타게 해야지."

며칠 후에 주님께서 내 마음에 이렇게 말씀하셨습니다.

'그 차를 보지 마라. 내가 너에게 이미 좋은 차를 주었다.'

그 순간 나는 더 이상 그 차를 보지 않기로 결심했습니다.

사실 그 음성을 듣기 전까지는 계속 집착했습니다.

"아, 예쁜 차인데 꼭 사야지."

자동차든, 집이든, 옷이든, 핸드폰이든 하나님이 당신에게 주신 것이 가장 좋다는 것을 잊지 말아야 합니다. "남의 떡이 커 보인다"고 사람들은 자꾸 자기 손에 주신 하나님의 귀한 선물에서 눈을 돌려 다른 것을 보며 더 좋게 여기는 경향이 있습니다.

내가 사는 집에 대해서도 마찬가지입니다. 지금 사는 집은 이사온 지 4년이 지났는데 최근에야 '하나님이 주신 이 집이 정말 좋다'는 생각을 하게 되었습니다. 얼마나 안타까운 일입니까?

'아들아, 내가 네게 준 그 집이 얼마나 아름답고 좋은지 아니? 다른 집을 보면서 부러워하지 마라. 내가 가장 좋은 집을 줬다.'

나는 아내와 산책하면서 말했습니다.

"이렇게 좋은 집을 주신 하나님께 억만 번이나 감사해요. 우리가 살고 있는 이 집은 최고급 호텔보다 나아요. 꿈만 같아요."

하나님은 나를 서울 잠실로 인도하셔서 교회를 하게 하셨습니다. 그런데 사람들이 내게 와서 자꾸 다른 곳을 알아보라고 했습니다.

주님은 그들과 달리 '내가 네게 명한 땅에 머물러라. 그러면 내가 네게 큰 복을 주겠다. 다른 곳은 보지도 마라'고 하셨습니다.

주님은 내게 '보지 말아야 할 목록'을 만들라고 하셨습니다. 그래서 나는 하나님이 내게 말씀하신 것과 하나님이 내게 주신 것보다 수준 낮은 것들은 목록을 만든 후에 보지 않기로 했습니다.

당신도 당신이 보지 말아야 할 목록을 만드십시오.

나는 내가 보지 말아야 할 목록을 만들었습니다.

"진정으로 내가 원하는 것이 아니면 보지 않겠다."

죄와 목마름, 병과 가난, 어리석음과 징계와 죽음을 보지 마십시오. 그런 것을 보면 당신에게 전염되어 당신도 그렇게 됩니다.

그 모든 것 중에 하나님이 가장 싫어하시는 것이 있습니다.

무엇일까요? 말씀을 따라 가지 않고 '뒤를 보는 것'입니다.

손에 쟁기를 잡았습니까? 뒤를 돌아보지 마십시오.

"예수께서 이르시되 손에 쟁기를 잡고 뒤를 돌아보는 자는
하나님의 나라에 합당하지 아니하니라 하시니라."(눅 9:62)

당신을 박해하는 사람들 때문에 힘들다고, 당장 결제할 돈이 없다고 뒤를 돌아보면 안 됩니다. 하나님이 정말 싫어하십니다.

염려와 근심, 두려움과 걱정을 다 버리고 주님만 따라가십시오.

그러면 그분이 당신의 가정 문제, 개인 문제, 모든 불안과 걱정, 두려움을 책임지고 돌봐 주실 것입니다. 그분이 이미 십자가에서 다 이루셨고 지금은 영으로 당신 안에 가득히 들어와 계십니다.

당신 안에 천국의 영광과 부요함과 존귀함이 가득합니다.

주위 사람들은 당신에게 "이렇게 하라. 저렇게 하라. 그렇게 하면 안 된다"고 하며 온갖 말로 권하지만 당신은 그런 사람들의 말을 듣지 말고 오직 주님의 음성만 듣고 따라가야 합니다.

주님의 음성을 따라 더 깊은 곳으로 나아가십시오.

하나님이 당신에게 만 배의 복을 주실 것입니다.

돈은 줘도 만족함이 없다. 기도와 말씀을 주라

당신은 사람들에게 자꾸 돈을 주려고 하지 않습니까?

돈이 없을 때는 "누가 내게 와서 돈 좀 안 주나?" 하고 도움을 기대하던 사람이 막상 돈이 생기면 "이 돈을 누구에게 줄까?" 하고 자꾸 두리번거리는데 그러지 말아야 합니다. 그 돈의 주인이신 성령님께 묻고 그분의 지시하시는 음성에만 귀를 기울여야 합니다.

돈과 관련된 일이 있을 때마다 "성령님, 어떻게 할까요?"라고 물으십시오. 그러면 "주라, 주지 마라"고 말씀해 주실 것입니다.

물론 거래하는 일에 대해서는 100퍼센트 돈을 지불해야 합니다.

하지만 돈으로 구제하는 일에 대해서는 조심해야 합니다.

초대교회 시절, 사도들은 돈에 대해 매우 조심했습니다.

"그 때에 제자가 더 많아졌는데 헬라파 유대인들이 자기의 과부들이 매일의 구제에 빠지므로 히브리파 사람을 원망하니 열두 사도가 모든 제자를 불러 이르되 우리가 하나님의 말씀을 제쳐 놓고 접대를 일삼는 것이 마땅하지 아니하니 형제들아 너희 가운데서 성령과 지혜가 충만하여 칭찬 받는 사람 일곱을 택하라. 우리가 이 일을 그들에게 맡기고 우리는 오로지 기도하는 일과 말씀 사역에 힘쓰리라 하니……."(행 6:1~4)

사람들에게 돈을 주려고 하지 말고 기도와 말씀을 줘야 합니다.

돈으로는 사람의 마음을 결코 만족시켜 줄 수는 없습니다. 당신이 어떤 사람에게 돈을 공짜로 나눠주면 그 사람은 계속 더 많은 돈을 요구할지도 모릅니다. 돈에 대해서는 자급자족하게 해야 합니다.

당신은 지금 누구에게 돈을 주려고 계획을 세우고 있습니까?

"내가 차를 사줘야지. 옷을 사줘야지. 더 많은 돈을 줘야지."

돈이 좀 있다고 주님이 시키지 않은 일을 하려고 계획하거나 그것에 집착하지 마십시오. 그 계획을 멈추십시오. 주인이신 성령님의 음성에 귀를 기울이십시오. 성령님이 당신에게 말씀하십니다.

"그 사람에게 밥을 사준다고 더 행복해지지 않는다."

"그 사람에게 집을 사준다고 더 행복해지지 않는다."

"그 사람에게 차를 사준다고 더 행복해지지 않는다."

"그 사람에게 옷을 사준다고 더 행복해지지 않는다."

"그 사람에게 시계를 사준다고 더 행복해지지 않는다."

"그 사람에게 구두를 사준다고 더 행복해지지 않는다."
"그 사람에게 큰돈을 준다고 더 행복해지지 않는다."

주님의 지시가 없으면 가만히 있어야 합니다.

그렇지 않으면 그런 대접을 하고난 뒤에 그 사람이 당신과 원수가 될 수도 있습니다. 불평과 원망, 비난과 조롱을 받을 수도 있습니다.

마음을 가라앉히고 성령님의 음성에 귀를 기울여야 합니다.

"선물하려고 하지 마라. 돈을 주려고 하지 마라."
"내가 지시할 때만 하고 그렇지 않으면 가만히 있어라."
"지금 행복하게 살고 있는 그 사람의 마음을 들쑤시지 마라."

행복하게 잘 살고 있는 사람을 왜 자꾸 들쑤십니까?

지금 잘 나간다고 선물하겠다는 약속은 절대로 하지 마십시오.

"선물한다고 거짓 자랑하는 자는
비 없는 구름과 바람 같으니라."(잠 25:14)

하나님도 사모하는 마음으로 간절히 구하는 사람에게만 반응하십니다. 꼭 필요한 사람이 아니라면 돈을 트럭으로 안겨 준다고 해도 그 사람의 마음이 행복해지지 않습니다. 돈은 잠깐 있다 사라지기 때문입니다. 모든 사람은 자족하는 마음으로 살아야 합니다.

이것이 진정한 행복의 비결입니다.

"자족하는 마음이 있으면 경건은 큰 이익이 되느니라."(딤전 6:6)

"내가 궁핍하므로 말하는 것이 아니니라. 어떠한 형편에든지 나는 자족하기를 배웠노니 나는 비천에 처할 줄도 알고 풍부에 처할 줄도 알아 모든 일 곧 배부름과 배고픔과 풍부와 궁핍에도 처할 줄 아는 일체의 비결을 배웠노라. 내게 능력 주시는 자 안에서 내가 모든 것을 할 수 있느니라."(빌 4:11~13)

사람마다 돈에 대한 자신의 분량이 있는데 그것을 족한 줄로 알아야 합니다. 사람의 가장 큰 재산은 돈이 아닌 '하나님'입니다.

"돈을 사랑하지 말고 있는 바를 족한 줄로 알라. 그가 친히 말씀하시기를 내가 결코 너희를 버리지 아니하고 너희를 떠나지 아니하리라 하셨느니라."(히 13:5)

그러므로 '돈'이나 '돈을 주는 사람'이 아닌 '돈을 주시는 하나님'을 바라보아야 모든 사람의 마음이 행복해집니다. 그래서 나는 성령님의 지시를 따라 지인에게 돈을 줄 일이 있으면 이렇게 말합니다.
"이 돈은 주님이 주시는 돈입니다. 주님께 감사하세요."
돈을 주면 사람들은 자꾸 그 돈을 주는 사람에게 집착하고 자랑합니다. 그러지 말아야 합니다. 오직 주님께만 집중해야 합니다.

"그런즉 누구든지 사람을 자랑하지 말라.

만물이 다 너희 것임이라."(고전 3:21)

돈을 주는 사람에게 집착하면 마음에서 행복이 사라집니다.

믿음의 주요 또 온전케 하시는 이인 예수님만 바라보면 행복해집니다. 나는 내게 오는 모든 돈이 주님께로부터 온다고 믿습니다.

"이는 만물이 주에게서 나오고 주로 말미암고 주에게로 돌아감이라. 그에게 영광이 세세에 있을지어다. 아멘."(롬 11:36)

다윗은 금 10만 달란트 곧 200조 원을 헌금했는데 그 모든 돈이 주님께로부터 왔다고 정직하게 고백했습니다.

"내가 환난 중에 여호와의 성전을 위하여 금 십만 달란트와 은 백만 달란트와 놋과 철을 그 무게를 달 수 없을 만큼 심히 많이 준비하였고 또 재목과 돌을 준비하였으나....... 우리 하나님 여호와여, 우리가 주의 거룩한 이름을 위하여 성전을 건축하려고 미리 저축한 이 모든 물건이 다 주의 손에서 왔사오니 다 주의 것이니이다."(대상 22:14, 29:16)

사람들에게 돈보다 억만 배나 더 가치 있는 것을 주십시오. 그것이 무엇일까요? 영적인 것 곧 '기도와 말씀, 예수 이름'입니다. 초대 교회 시절, 성도들이 자기들의 소유를 베드로의 발 앞에 두었기 때문에 베드로는 많은 재정을 관리하고 있었습니다. 하지만 그는 성전 미문에 앉은 앉은뱅이에게 돈으로 도움을 주지 않았습니다.

"제 구 시 기도 시간에 베드로와 요한이 성전에 올라갈 새 나면서 못 걷게 된 이를 사람들이 메고 오니 이는 성전에 들어가는 사람들에게 구걸하기 위하여 날마다 미문이라는 성전 문에 두는 자라. 그가 베드로와 요한이 성전에 들어가려 함을 보고 구걸하거늘 베드로가 요한과 더불어 주목하여 이르되 '우리를 보라' 하니 그가 그들에게서 무엇을 얻을까 하여 바라보거늘 베드로가 이르되 '은과 금은 내게 없거니와 내게 있는 이것을 네게 주노니 나사렛 예수 그리스도의 이름으로 일어나 걸으라' 하고 오른손을 잡아 일으키니 발과 발목이 곧 힘을 얻고 뛰어 서서 걸으며 그들과 함께 성전으로 들어가면서 걷기도 하고 뛰기도 하며 하나님을 찬송하니 모든 백성이 그 걷는 것과 하나님을 찬송함을 보고 그가 본래 성전 미문에 앉아 구걸하던 사람인 줄 알고 그에게 일어난 일로 인하여 심히 놀랍게 여기며 놀라니라."(행 3:1~10)

베드로는 돈이 없어서 없다고 말한 것이 아니었습니다.

돈이 있었지만 없다고 말했습니다. 당신도 돈이 있어도 없다고 말해야 합니다. '나는 네게 줄 돈이 없다. 주님이 네게 돈을 주라고 내게 지시하지 않았기 때문이다'라고 생각하며, 거절해야 합니다.

돈보다 더 귀한 것, 더 크고 가치 있는 것, 더 막강한 것을 줘야 합니다. 바로 예수 이름으로 명령하는 것입니다. 돈은 있어도 없는 것처럼, 없어도 있는 것처럼, 변함없이 조용한 일상을 사십시오.

돈이 있어도 있다는 티를 내지 마십시오. "아파트와 땅, 빌딩이 많지 않느냐? 그러니 나를 좀 도와 달라"고 말하면 "현금이 없다. 미안하다"고 말하십시오. 오직 주님의 음성에만 귀를 기울이십시오.

사람들의 우는 소리와 박수 소리에 민감하게 반응하다 보면 사울 왕처럼 하나님께 버림받을 수 있습니다. 당신은 하나님의 종입니다.

하나님의 종은 '기도와 말씀, 예수 이름'을 줘야 합니다.

밥이나 옷, 신발이나 차, 집이나 땅, 돈을 주려고 하지 말고 기도하는 일과 말씀 사역, 곧 영적인 일로 지인을 접대하십시오.

"우리는 오로지 기도하는 일과 말씀 사역에 힘쓰리라."(행 6:4)

나는 하루 종일 방언 기도를 많이 한다

당신은 하루 종일 어떤 기도를 하고 있습니까?

나는 하루 종일 영의 기도인 방언 기도를 많이 합니다.

물론 아침에 눈을 뜨면 가장 먼저 성령님께 인사부터 합니다.

"성령님, 안녕하세요? 오늘도 참으로 좋은 날입니다. 오늘도 모든 일을 성령님과 함께 하기를 원합니다. 제 눈과 손과 발과 입술과 마음과 온 몸과 의지에 성령님의 기름 부음이 한강처럼 흐르고 있음을 감사드립니다. 성령님, 사랑합니다. 많이 사랑합니다."

그런 후에 나는 하루 종일 습관을 따라 방언을 말합니다.

혼자 길을 걸을 때나 아내와 산책할 때, 그리고 자동차에 앉아 운전할 때, 주방에 서서 설거지 할 때도 방언을 말합니다. 하루에 한 시간에서 몇 시간은 방언을 말하는 것 같습니다. 때로는 카페에 앉아서 책을 읽다가도 중얼중얼 작은 소리로 방언을 말합니다.

내가 왜 이렇게 방언을 많이 말할까요?

방언은 100퍼센트 감사 기도이기 때문입니다.

방언은 더 큰 영력을 얻기 위해 하는 기도가 아닙니다. 이미 성령님이 원자폭탄 같은 큰 권능으로 내 안에 들어와 계시기 때문입니다. 방언은 더 많은 기름 부음을 얻기 위해 하는 기도가 아닙니다. 이미 성령님이 강물 같은 큰 기름 부음으로 내 안에 들어와 계시기 때문입니다. 방언은 더 강한 성령 충만을 받기 위해 하는 기도가 아닙니다. 이미 성령님이 태양보다 더 큰 빛으로 내 안에 들어와 계시기 때문입니다. 이미 내 잔이 성령으로 넘치고 있습니다.

"내 잔이 넘치나이다."(시 23:5)

방언은 하나님께 "오늘 꼭 내야 할 이자 100만 원을 오후 3시까지 주세요"라는 식의 뭔가를 간절히 애걸하기 위해 빌고 또 비는 반복의 기도가 아닙니다. 방언은 무엇일까요? 방언은 100퍼센트 감사의 기도입니다. "하나님, 이 모든 일에 억만 번이나 감사합니다."

나는 무엇을 얻기 위해서는 한 마디만 기도합니다. 그리고 한 번 기도하고 구한 것은 이미 다 받았다고 믿고 의심하지 않습니다. 하루 종일 내가 중얼거리며 방언을 말하는 것은 감사하기 때문입니다.

하나님께 억만 번이나 감사한 일이 많은데 이것을 사람의 언어로는 다 표현할 수 없기 때문에 하나님이 주신 영의 기도인 방언으로 표현하는 것입니다. 나는 하루 종일 감사에 푹 젖어 삽니다.

"하나님, 저에게 의를 주셔서 감사합니다. 성령 충만을 주셔서 감사합니다. 건강을 주셔서 감사합니다. 부요를 주셔서 감사합니다. 지혜를 주셔서 감사합니다. 평화를 주셔서 감사합니다. 생명을 주셔서 감사합니다. 천국같이 살다가 천국으로 가게 해주셔서 감사합니다. 제가 구한 모든 것을 시간과 공간을 초월해서 이미 다 받았음을 믿고 감사드립니다. 억만 번이나 감사합니다. 행복합니다."

아무리 큰 꿈과 소원 목록이라도 평생 한 번만 구하면 됩니다.

그리고 기도하고 구한 그것을 받았다고 믿고 하루 종일 감사해야 합니다. 어떻게 감사합니까? 마음의 기도로는 몇 마디 감사를 표현하면 더 이상 할 말이 없습니다. 그래서 일만 마디 영의 기도인 방언으로 감사를 표현하는 것입니다. 이것이 하나님이 정하신 감사하는 기도 방법입니다. 당신도 방언으로 하루 종일 감사 기도를 하십시오. 더 이상 노예처럼 애걸하지 말고 감사하십시오.

의를 달라고 애걸하지 말고 의를 주셔서 감사하다고 기도하십시오. 성령 충만을 달라고 애걸하지 말고 성령 충만을 주셔서 감사하다고 기도하십시오. 건강을 달라고 애걸하지 말고 건강을 주셔서 감사하다고 기도하십시오. 부요를 달라고 애걸하지 말고 부요를 주셔서 감사하다고 기도하십시오. 지혜를 달라고 애걸하지 말고 지혜를 주셔서 감사하다고 기도하십시오. 평화를 달라고 애걸하지 말고 평화를 주셔서 감사하다고 기도하십시오. 생명을 달라고 애걸하지 말고 생명을 주셔서 감사하다고 기도하십시오.

하나님은 그리스도 안에서 이미 모든 것을 주셨습니다.

"하나님 곧 우리 주 예수 그리스도의 아버지께서 그리스도 안에서 하늘에 속한 모든 신령한 복을 우리에게 주셨다."(엡 1:3)

그러므로 뭔가 자꾸 달라고 기도할 필요가 없습니다. 우리가 해야 할 일은 하루 종일 하나님께 억만 번이나 감사하는 것입니다. "만 입이 내게 있으면 그 입 다 가지고 내 구주 주신 은총을 늘 찬송하겠네."라는 찬송가처럼 나는 하루 종일 찬양하고 감사하며 삽니다.

어떻게 그것이 가능할까요? 방언을 말하면 됩니다.

"내가 만일 방언으로 기도하면 나의 영이 기도하거니와 나의 마음은 열매를 맺지 못하리라. 그러면 어떻게 할까? 내가 영으로 기도하고 또 마음으로 기도하며 내가 영으로 찬송하고 또 마음으로 찬송하리라. 그렇지 아니하면 네가 영으로 축복할 때에 알지 못하는 처지에 있는 자가 네가 무슨 말을 하는지 알지 못하고 네 감사에 어찌 아멘 하리요. 너는 감사를 잘하였으나 그러나 다른 사람은 덕 세움을 받지 못하리라. 내가 너희 모든 사람보다 방언을 더 말하므로 하나님께 감사하노라. 그러나 교회에서 네가 남을 가르치기 위하여 깨달은 마음으로 다섯 마디 말을 하는 것이 일만 마디 방언으로 말하는 것보다 나으니라."(고전 14:14~19)

당신은 방언이 무엇인지 잘 알아야 합니다.

첫째, 방언은 하나님께 말하는 기도입니다. "방언을 말하는 자는 사람에게 하지 아니하고 하나님께 하나니."(고전 14:2)

둘째, 방언을 말하는 자는 자기의 덕을 세웁니다.

"방언을 말하는 자는 자기의 덕을 세우고......"(고전 14:4)

셋째, 방언을 다 말하는 것이 하나님의 뜻입니다.

"나는 너희가 다 방언 말하기를 원하나."(고전 14:5)

넷째, 방언은 당신의 영이 기도하는 것입니다. "내가 만일 방언으로 기도하면 나의 영이 기도하거니와."(고전 14:14)

다섯째, 방언은 100퍼센트 축복 기도입니다.

"그렇지 아니하면 네가 영으로 축복할 때에......"(고전 14:16)

여섯째, 방언은 100퍼센트 감사 기도입니다. "네 감사에 어찌 아멘 하리요. 너는 감사를 잘하였으나."(고전 14:16~17)

일곱째, 방언은 많이 말할수록 좋습니다. "내가 너희 모든 사람보다 방언을 더 말하므로 하나님께 감사하노라."(고전 14:18)

왜 방언을 많이 말할수록 좋을까요? 감사 기도이기 때문입니다.

원망하는 기도, 불평하는 기도, 애걸하는 기도는 많이 할수록 하나님이 싫어하시지만 축복하는 기도, 감사하는 기도는 많이 할수록 하나님이 좋아하십니다. 방언은 억만 번이나 감사하는 기도입니다.

당신은 혹시 결제 문제 때문에 밤낮 울며 애걸하는 기도를 하고 있지 않습니까? 주님은 "울지 마라"고 하십니다. 결제하기 위한 돈 문제만 아니라 평생 억만장자로 부요한 삶을 살기 원하십니까? 그것을 위한 기도는 한 번만 하십시오. 그리고 날마다 "억만장자가 되게 해주셔서 감사합니다"라는 감사 기도를 하십시오.

어떻게 기도하면 될까요? 방언으로 기도하면 됩니다.

나는 하루 종일 방언을 말하므로 감사 기도를 합니다.

많은 사람들이 내게 찾아와 안수 기도를 부탁합니다.

"김열방 목사님, 방언의 은사를 받고 싶어요."

"왜 그렇게 방언을 사모하고 꼭 받고 싶은가요?"

"방언을 받아야 하루에 몇 시간씩 기도할 수 있고 그렇게 골방에서 땀과 피와 눈물을 흘리며 죽을 만큼 오래 기도해야 제가 원하는 큰 영력과 많은 기름 부음이 얻을 수 있지 않나요? 그러니 하루에 일곱 시간씩 '시간 채우기 기도'를 하려면 방언이 꼭 필요해요."

"아닙니다. 그것은 율법주의 마인드입니다. 방언은 시간 채우기 기도를 하라고 주신 은사가 아닙니다. 그렇다면 방언을 받고 난 후에 또 다른 율법주의에 빠져 죽도록 고생합니다."

"그러면 방언을 받아야 하는 다른 이유가 있나요?"

"방언은 하나님께 일만 마디 감사 기도를 하기 위한 것입니다."

"그게 다인가요? 하루 종일 감사만 하라고요?"

"하루 종일 감사하는 것 말고 뭐가 더 필요합니까?"

"저는 더 많은 기도를 하고 싶은데요."

"방언은 일만 마디 영의 기도와 축복 기도를 하기 위한 것입니다. 방언은 결코 뭔가를 달라고 애걸하기 위한 기도가 아닙니다. 방언을 말할 때 몸이나 마음보다 더 높은 차원인 영으로 기도하게 됩니다. 영으로 하나님과 스킨십을 하며 친밀한 교제를 하게 되는 것입니다. 그리고 방언을 말할 때 하나님께 축복하게 됩니다. 많은 사람들이 하나님께 축복받는 것만 생각하는데 하나님도 축복 받기를 원하십니다. 이것은 시편의 '여호와를 송축하라'는 내용과 일치하며 이 말은 '하나님을 축복합니다'라는 뜻입니다. 믿지 않는 사람들은 하나님을 축복하지 않고 저주합니다. 믿는 사람 중에는 하나님께 감사하지 않고 원망합니다. 그 모든 것을 하나로 해결하는 것이 방언입니다. 그래서 오순절에 역사적인 사건 곧 성령이 임하면서 120명 모두에게 방언을 주신 것입니다. '구원 받고 성령을 받은 너희는 더 이상 애걸하면서 구할 것이 없다. 하루 종일 하나님께 감사하고 축복하고 사랑하라'는 것입니다. 사도 바울은 '내가 너희 모든 사람보다 방언을 더 많이 말하므로 하나님께 감사한다'고 했습니다. 방언은 하나님이 창세전에 준비하신 은사요 수천억보다 귀한 은사입니다."

당신은 방언을 받았습니까? 당신이 이미 예수를 구주로 영접했다면 당신 안에 성령님이 한강처럼 가득히 들어와 계십니다. 그러므로 지금 당장 예수 이름으로 방언을 말하십시오. 혀를 맡기고 "하랄라라라" 하고 방언을 말하기 시작하십시오. 그러면 성령의 나타남이 있을 것입니다. "저희가 다 성령의 충만함을 받고 성령이 말하게 하심을 따라 다른 방언으로 말하기를 시작하니라"(행 2:4)고 했습니다. 방언을 말하기 시작한 것은 '저희'가였습니다.

당신이 입을 열고 소리를 내어 방언을 말하기 시작해야 합니다. 그리고 꼭 기억하십시오. 방언은 더 큰 영력, 더 많은 기름 부음을 얻기 위해 비는 도구로 주신 은사가 아닙니다. 이미 주신 것에 대해 억만 번이나 감사하라고 주신 은사입니다. 하나님은 이미 당신에게 그리스도를 통해 모든 것을 주셨습니다. 그러므로 하루 종일 감사에 푹 젖어 살아야 합니다. 이보다 더 나은 행복하고 부요한 삶이 어디

있겠습니까? 수천억 원을 가져도 원망하고 불평하고 애걸하는 사람은 거지같은 불쌍한 사람입니다. 하지만 몇 천 원을 가져도 하루 종일 감사하는 사람은 진정한 억만장자입니다.

억만장자가 되기 위해 애걸하며 기도하지 마십시오.

억만장자가 되었다고 믿고 감사하며 기도하십시오.

하루 종일 일만 마디 방언을 말하며 감사하십시오.

하루 종일 감사하는 당신이 억만장자입니다.

달란트 단위의 돈을 벌고 헌금하라

당신은 어느 정도의 수입과 지출, 헌금을 원하십니까?

나는 달란트 단위의 수입과 지출, 헌금을 원합니다. 달란트 단위면 얼마쯤 될까요? 한 달란트는 20억입니다. 두 달란트는 40억입니다. 다섯 달란트는 100억입니다. 그 정도의 수입과 지출, 헌금을 하겠다고 마음먹고, 하나님께 구하고 받았다고 믿으십시오.

언제까지 천 원, 만 원, 10만 원 단위의 수입과 지출, 헌금만 하겠습니까? 해가 바뀔수록 수입과 지출, 헌금에도 진보를 보여야 합니다. 돈을 많이 벌고 헌금도 많이 해야 합니다.

달란트 단위의 돈을 벌어 헌금하겠다고 꿈꾸십시오.

"또 어떤 사람이 타국에 갈 때 그 종들을 불러 자기 소유를 맡김과 같으니 각각 그 재능대로 한 사람에게는 금 다섯 달란트를, 한 사람에게는 두 달란트를, 한 사람에게는 한 달란트를 주고 떠났더니 다섯 달란트 받은 자는 바로 가서 그것으로 장사하여 또 다섯 달란트를 남기고 두 달란트 받은 자도 그같이 하여 또 두 달란트를 남겼으되 한 달란트 받은 자는 가서 땅을 파고 그 주인의 돈을 감추어 두었더니 오랜 후에 그 종들의 주인이 돌아와 그들과 결산할 새 다섯 달란트 받았던 자는 다섯 달란트를 더 가지고 와서 이르되 주인이여 내게 다섯 달란트를 주셨는데 보소서 내가 또 다섯 달란트를 남겼나이다. 그 주인이 이르되 잘하였도다 착하고 충성된 종아 네가 적은 일에 충성하였으매 내가 많은 것을 네게 맡기리니 네 주인의 즐거움에 참여할지어다 하고 두 달란트 받았던 자도 와서 이르되 주인이여 내게 두 달란트를 주셨는데 보소서 내가 또 두 달란트를 남겼나이다. 그 주인이 이르되 잘하였도다 착하고 충성된 종아 네가 적은 일에 충성하였으매 내가 많은 것을 네게 맡기리니 네 주인의 즐거움에 참여할지어다 하고 한 달란트 받았던 자는 와서 이르되 주인이여 당신은 굳은 사람이라 심지 않은 데서 거두고 헤치지 않은 데서 모으는 줄을 내가 알았으므로 두려워하여 나가서 당신의 달란트를 땅에 감추어 두었나이다 보소서 당신의 것을 가지셨나이다. 그 주인이 대답하여 이르되 악하고 게으른 종아 나는 심지 않은 데서 거두고 헤치지 않은 데서 모으는 줄로 네가 알았느냐. 그러면 네가 마땅히 내 돈을 취리하는 자들에게나 맡겼다가 내가 돌아와서 내 원금과 이자를 받게 하였을 것이니라 하고 그에게서 그 한 달란트를 빼앗아 열 달란트 가진 자에게 주라. 무릇 있는 자는 받아 풍족하게 되고 없는 자는 그 있는 것까지 빼앗기리라. 이 무익한 종을 바깥 어두운 데

로 내쫓으라 거기서 슬피 울며 이를 갈리라 하니라."(마 25:14~30)

많은 사람들이 달란트를 단순한 재능이라고 생각합니다.

내가 주일학교 교사를 할 때 달란트 잔치를 한 적이 있습니다. 반 아이들이 출석, 요절 암송, 전도를 하면 달란트를 한 장씩 줍니다. 그 걸 모아 몇 개월에 한 번씩 달란트 시장을 열어 물건을 사게 합니다. 달란트를 모은 만큼 연필이나 공책, 필통이나 가방을 살 수도 있습니다. 하지만 성경에서 말하는 달란트는 그 정도의 작은 액수가 아닙니다. 한 달란트는 자그마치 20억입니다.

"20억이라고요? 그렇게 큰돈이 아니잖아요?"

그렇습니다. 하지만 교인들 중에는 평생 20억이란 돈을 꿈도 못 꾸고 구경도 못하고 만져 보지도 못하는 사람들이 많습니다.

봉급자는 한 달에 200만 원씩 벌어서 절반인 100만 원을 저축할 경우 10년을 저축해야 1억 2천만 원을 모읍니다. 100년을 저축해야 12억을 모읍니다. 매달 100만 원씩 100년간 저축해도 모을 수 없는 돈이 한 달란트입니다. 당신은 어떻습니까?

그런데 주인이 그런 돈을 종들에게 맡겼습니다.

한 사람에게는 한 달란트인 20억, 또 한 사람에게는 두 달란트인 40억, 또 한 사람에게는 다섯 달란트인 100억을 맡겼습니다.

종들은 그것으로 즉시 나가 장사하여 배로 만들었습니다.

100억을 받은 종은 200억을 만들었고 40억을 받은 종은 80억을 만들었습니다. 그들은 달란트 단위의 장사를 한 것입니다.

예를 들어 100억짜리 빌딩을 사고팔므로 그 두 배인 200억의 현금을 거두었고 40억짜리 땅을 사고팔면서 그 두 배인 80억의 현금을 거두었던 것입니다. 그들은 결코 천 원어치 콩나물이나 2천 원짜리 두부 장사를 해서 그렇게 큰돈을 번 게 아니었습니다.

한 달란트 받은 사람은 그 돈을 땅에 묻어 두었는데 주인이 악하고 게으른 종이라며 크게 화를 내며 책망했습니다. 한 달란트는 20억인데 그 돈을 은행에 맡겼더라면 이자를 한 달에 200만 원 정도는 받았을 것입니다. 성경은 고리 대금을 금하고 있지만 은행 이자는 인정하고 있습니다. 돈은 저축하든지 굴리든지 해야 합니다.

한 청년이 서울에 6억짜리 아파트를 사기 위해 은행에서 25년짜리 모기지론 주택구입자금을 1억 대출받았습니다. 이자가 2.4퍼센트로 매달 20만 정도였고 4년간 960만 원을 냈습니다. 4년 후에 집값이 4억 올라서 10억이 되었고 잔금 9천만 원도 하루 만에 다 갚았습니다. 그렇게 이자를 4년간 천만 원이나 내고도 3억 9천만 원이 남았던 것입니다. 이것이 달란트 단위의 장사입니다.

10억짜리 집이 20억이 되고, 50억짜리 빌딩이 100억이 되고, 100억짜리 땅이 200억이 되는 것이 '달란트 마인드'의 결과입니다.

예전에 강남은 서울이 아니었고 모두 강변과 논밭, 자갈밭과 뽕밭이었는데 한 평에 겨우 500원밖에 안했습니다. 그런데 지금은 그 땅이 한 평에 3천만 원에서 1억이 되었습니다. 그 당시 땅을 사는 사람을 보고 미쳤다고 했습니다. 지금도 그렇습니다.

그러나 열심히 일해서 번 돈으로 땅을 샀던 사람은 다들 억만장자가 되었습니다. 돈을 버는 방식은 한 가지만 있는 것이 아닙니다. 봉급자, 자영업자, 사업가, 자산가, 천재 등 다섯 가지가 있습니다. 다섯 가지를 모두 인정하고 존중해야 합니다.

당신은 어떤 방식으로 돈을 벌고 있습니까? 자산가는 땅과 빌딩, 아파트를 통해 큰돈을 버는 사람인데 그러면 세금도 많이 내게 됩니다. 큰돈을 벌어 세금을 많이 내면 얼마나 좋습니까? 그래야 나라 살림이 든든해집니다. 나라 살림에는 국토방위, 치안 유지, 사회 보장, 경제 개발, 교육 등 많은 경비가 필요합니다.

큰돈을 버는 것에 대해 긍정적인 생각을 가지십시오.

달란트 단위의 돈을 버십시오.
달란트 단위의 돈을 납세하십시오.
달란트 단위의 돈을 헌금하십시오.

20억, 40억, 80억, 100억, 200억, 이런 단위의 돈에 친숙하고 편안해지십시오. 다윗은 성전을 건축하기 위해 금 10만 달란트를 헌금했습니다. 그 돈은 200조 원이나 되는 큰돈입니다. 당신도 그런 꿈을 가지십시오. 하나님은 그 정도로 크고 부요하신 분입니다.

크게 생각하고 말하고 행동하십시오.

크게 헌금하고 베풀고 투자하십시오.

크게 돈을 굴리고 버십시오. 두려워하지 마십시오.

세상 모든 억만장자들에게 달란트 단위의 큰돈을 주시는 분이 우리가 믿는 하나님 아버지이십니다. 세상 모든 억만장자들의 주인이신 예수님이 지금 당신 안에 살아 계십니다. 그러므로 당신은 억만장자입니다. 평생 하나님을 경외하는 억만장자로 사십시오.

전문적인 일은 돈을 지불하고 맡겨라

당신은 자꾸 돈 이야기한다고 비난받은 적이 없습니까?

나는 그런 비난을 몇 번 들은 적이 있습니다. 한 사람은 내가 설교 시간에 돈 이야기 한다고 비난했습니다. 그 사람은 믿음은 좋았지만 돈에 대한 지혜가 없어 평생 가난하게 살고 있습니다.

"돈이면 다 되는 줄 알아요?"

"돈으로 해결하려고 하시네요."

그렇게 말하는 사람은 성경을 더 많이 읽고 좀 더 지혜로워져야 할 필요가 있습니다. 돈은 모든 일에 필요합니다.

"돈은 범사에 이용되느니라."(전 10:19)

어떤 중요한 일을 처리해야 하는데, 돈이 없으면 전문가에게 맡길 수 없고 당신이 직접 해야 합니다. 그러면 문제가 생깁니다.

한 교회는 담임 목사님이 전 교인을 동원해 함께 이마에 땀 흘리며 벽돌을 나르고 쌓아올리며 힘들게 성전을 건축했습니다.

착한 성도들은 어느 누구도 토를 달지 않고 찬성했습니다.

"맞아, 이렇게 성도들의 피땀으로 성전을 건축해야 하는 거야."

하지만 그렇게 건축하는 동안 많은 성도들이 자기 체질에 맞지 않는 막노동을 한다고 골병이 들었고 완공된 후로도 30년 동안 보수 공사비가 끝도 없이 들어갔습니다. 왜 그랬을까요? 인건비와 자재비 등 성전을 완공할 충분한 돈이 준비되지 않았기 때문입니다.

하지만 성전 건축은 100년을 내다보고 고급스럽게 해야지 대충 완공하면 안 됩니다. 전문가들에게 돈을 주고 맡겨야 합니다. 돈이 없다며 얼렁뚱땅 성전을 완공하는 교회들이 많은데, 그러면 나중에 수리비가 더 많이 들어갑니다. 인테리어도 허접하게 해 놓으면 얼마 안가 새 걸로 교체해야 합니다. 처음부터 높은 수준을 정해 놓고 두 배의 예산을 잡고 럭셔리하게 건축을 진행하고 완공해야 합니다. 돈이 없다고요? 아닙니다. 하나님께 구하면 주십니다.

돈이 산더미처럼 쌓여 있다고 생각하고 건축하십시오.

어떤 목사님은 자랑하듯이 이렇게 말합니다.

"성전 건축을 몇 번 하니까 건축 전문가가 되었어요."

목사님은 건축 전문가가 아닌 말씀 전문가가 되어야 합니다.

돈이 있으면 전문가에게 맡길 수 있습니다.

돈이 없으면 비전문가인 내가 몸으로 때워야 합니다.

그러면 나중에 문제가 자꾸 생기고 돈이 계속 들어갑니다.

건축도 수리도 수술도 전문가에게 맡기면 후회가 없습니다.

비전문가에게 맡기면 두고두고 평생을 후회하게 됩니다.

집안 청소도 '청소 전문가'에게 맡기면 다릅니다. 당신이 집을 사서 세를 주려면 돈을 어느 정도 투자해야 합니다. 인테리어를 멋지고 깔끔하게 하고 입주 청소 전문가에게 대청소를 맡겨야 합니다.

돈이 없다고 궁상떨면서 무작정 아끼기만 하다 보면 나중에 더 큰 돈이 들어갑니다. 미련한 한 청년이 말했습니다.

"매일 천 원짜리 햄버거에 컵라면을 먹으면서 식사비를 아껴 저축했는데 결국 위암 수술을 하게 되어 돈이 다 날아갔어요."

성경을 깨닫고 실천하는 한 청년은 이런 말을 했습니다.

"나중에 병원비로 몇 백만 원 쓰는 것보다 차라리 지금 좋은 음식을 먹는 데 투자하는 편이 훨씬 나아요. 곡식, 채소, 과일, 소고기, 양고기, 가금류, 생선 등 최고의 재료를 사서 먹어야 해요."

맞습니다. 지금 아낀 비용이 나중에 몇 배로 들어갑니다.

집을 사거나 세 들어 이사할 때 두 배의 법칙을 따라 인테리어 비용을 투자하십시오. 청소비를 아끼지 마십시오. 집이든, 차든, 물건이든, 옷이든, 그것을 관리하는 비용을 아깝게 생각하지 마십시오.

고급 옷은 드라이해서 입으면 10년, 20년간 오래 입습니다.

나는 메르세데스 벤츠에 경고등이 들어와 내가 직접 오일을 사서 채워 넣은 적이 있습니다. 벤츠 오일 정품을 샀기 때문에 가격은 높았지만 전문가의 공임비를 들이지 않으니 절약하는 것이라고 생각했습니다. 하지만 얼마 후에 크르렁 소리가 났고 결국은 전문가를 찾아가서 다시 오일을 교체해야 했습니다. 정비사는 단순히 오일만 교체하는 것이 아니라 오일 필터를 비롯한 몇 가지를 부품을 함께 교체했습니다. 그러자 차가 부드럽게 잘 달렸습니다.

돈을 아껴야 할 때가 있고 써야 할 때가 있습니다.

써야 할 때는 아끼지 말고 넉넉한 예산을 잡고 써야 합니다.

물론 같은 물건, 같은 작업, 같은 결과라면 몇 군데 견적을 뽑아서 저렴한 곳을 선택하는 것이 지혜입니다. 한 번은 차 문을 닫을 때마다 덜덜 소리가 나서 견적을 뽑아 보니까 한 군데서는 문을 뜯어서 차 안의 부속 전체를 갈아야 한다며 60만 원이 든다고 했습니다. 또 다른 곳에 가니 그곳에서는 작은 플라스틱 부품 하나만 교체하면 된다며 10만 원이 든다고 했습니다. 그 정비사는 센터에 부품을 주문해서 간단하게 교체하고 수리했습니다. 정비사에게 맡기면 돈이 많이 든다고 차 문을 내가 직접 뜯으려고 덤볐다면 어떻게 될까요?

비싼 차가 다 망가졌을 것이며 두고두고 후회할 것입니다.

"돈이면 다냐? 돈으로 다 해결하려고 하냐?"는 식의 말을 하지 마십시오. 돈으로 전문가의 기술을 사는 것입니다. 한 분야의 장인은 수십 년간 그 일을 하면서 기술을 습득하고 연마했습니다. 그들에게 돈을 지불하는 것을 아깝게 생각하지 말아야 합니다.

나는 오늘도 벤츠 차 번호판을 새로 갈았습니다. 내가 직접 갈겠다고 연장을 들 수도 있었겠지만 그러지 않고 기술자를 불러 맡겼습니다. 그분은 쉽게 교체했는데, 5000원밖에 들지 않았습니다.

5000원을 아끼겠다고 내가 덤볐다면 한 시간 동안 끙끙거렸을 것입니다. 물론 기계를 잘 만지는 사람은 다르겠지요.

나는 책 쓰기의 전문가이지 자동차 정비의 전문가가 아닙니다.

내 분야가 아닌 것은 끙끙대지 말고 돈을 주고 맡겨야 합니다.

지방에서 열린 한 부흥회에 참석해서 내 설교를 정신없이 들은 한 사람이 내게 달려와 이렇게 말했습니다.

"김열방 목사님은 설교의 장인이십니다. 이렇게 설교를 잘하시는 분은 처음 봤습니다. 막히지 않고 끝도 없이 설교가 나오네요. 그런데도 깨달음이 너무 많아 좋았고 내 인생이 바뀌었습니다."

그렇습니다. 나는 설교 전문가입니다. 복음 전문가입니다. 성경 전문가입니다. 안수 전문가입니다. 상담 전문가입니다.

하지만 내가 잘하지 못하는 것도 많습니다. 뭘까요?

나는 설거지는 잘하지만 요리는 잘 못합니다.

나는 서양화는 잘 그리지만 동양화는 잘 못 그립니다.

나는 걷기는 잘하지만 달리기는 잘 못합니다.

나는 드라이브는 잘하지만 수영은 잘 못합니다.

나는 정리는 잘하지만 청소는 잘 못합니다.

나는 생각은 잘하지만 막노동은 잘 못합니다.

나는 파는 것은 잘하지만 사는 것은 잘 못합니다.

나는 문자는 잘하지만 전화는 잘 못합니다.

나는 설교는 잘하지만 설명은 잘 못합니다.

아내는 내가 못하는 것을 다 잘하는 것 같습니다.

"잘 못한다"는 말은 '그 일을 하면 내 마음과 몸이 힘들게 느껴진다'는 의미입니다. 내가 잘하는 일은 쉽고 재미있게 느껴지고 하나도 힘들지 않습니다. 금방 큰 성과를 내고 쉽게 돈을 법니다. 내가 잘 못하는 일은 그 반대로, 하면 할수록 힘듭니다.

내가 잘 못하는 일은 잘하는 사람에게 맡기면 됩니다.

잘하는 사람에게 맡기려면 돈을 줘야 합니다. 그래서 대기업 회장은 자신이 잘 못하는 일에 대해 전문가를 고용해서 많은 월급을 주는 것입니다. 변호사, 법무사, 회계사에게 돈을 주고 일을 맡깁니다. 웬만한 것은 다 전문가에게 맡깁니다. 그것이 훨씬 스트레스를 덜 받습니다. 일도 정확하게 처리하고 결과도 좋습니다.

당신은 어떻습니까? 돈이 어떤 일을 하는지 이해가 됩니까?

공짜고 싸다고 해서 좋은 것이 아닙니다.

가치 있는 일에는 그것에 합당한 비용을 지불해야 합니다.

하나님은 당신을 구원하기 위한 값을 아낌없이 지불하셨습니다. 무엇일까요? 독생자 예수 그리스도를 이 땅에 보내어 당신의 죄와 저주에 대한 값을 다 지불하고 십자가에 매달려 피와 땀과 눈물을 쏟으며 죽게 하신 것입니다. 당신을 구원하기 위한 값을 천사나 동물을 통해, 금은 동철, 돈을 통해 대충 지불한 것이 아닙니다. 독생자 예수의 피와 땀과 눈물로 아낌없이 값을 지불하셨습니다.

당신의 구원은 '공짜 구원'이나 '값싼 구원'도 아닙니다.

값을 매길 수 없을 만큼 귀하고 가치 있는 구원입니다.

예수님은 '왕이 일만 달란트 빚을 탕감해 준 이야기'를 비유로 드셨습니다. 일만 달란트는 현 시세로 20조 원입니다. 그 정도의 엄청난 빚을 탕감해 준 것입니다. 당신의 죄에 대해 하나님이 지불한 값은 20조 원 이상입니다. 다윗은 금 10만 달란트를 성전 건축 헌금으로 드렸습니다. 그 돈은 현 시세로 200조 원입니다.

성경은 "온 천하를 주고도 한 영혼과 바꿀 수 없다"고 했습니다.

200조 원이 아닌 2천조 원으로도 바꿀 수 없는 것이 당신의 영혼입니다. 예수님은 온 우주와도 바꿀 수 없는 귀한 분이십니다.

그처럼 귀하신 예수님이 당신을 대신해서 죽으셨습니다.

하나님은 당신을 위해 아낌없이 값을 지불하셨습니다.

이 얼마나 감사하고 감격스런 일입니까?

그래서 나는 날마다 이렇게 기도합니다.

"하나님, 억만 번이나 감사드립니다."

돈을 버는 목적은 전도하기 위함이다

당신은 돈을 버는 목적이 무엇입니까?

그 돈으로 착한 일을 많이 해야 하지만 가장 중대하고 긴급한 것은 '전도하는 일'입니다. 나는 돈을 벌어 전도하는데 많이 씁니다. 이렇게 책을 써내는 것도 복음이 담긴 책을 통해 전도하고 선교하기 위해서입니다. 당신도 돈을 들여 책 선교와 책 전도를 하십시오.

나를 구원해 주신 하나님의 큰 은혜를 갚을 길은 없습니다.

나는 하나님께 빚진 자가 아닙니다. 하나님은 죄 사함과 구원을 빚으로 주지 않고 거저 주셨습니다. 나는 그분의 큰 은혜를 거저 받은 자입니다. 그리고 나는 이방인에게 빚진 자입니다.

사도 바울은 하나님께 빚졌다고 하지 않고 이방인에게 빚졌다고 했습니다. "헬라인이나 야만이나 지혜 있는 자나 어리석은 자에게 다 내가 빚진 자라. 그러므로 나는 할 수 있는 대로 로마에 있는 너희에게도 복음 전하기를 원하노라."(롬 1:14~15)

복음을 전하려면 '전도에 대한 꿈과 소원'을 가져야 합니다.

자신의 특정 분야에서도 크게 성공하고 돈을 많이 벌려면 그것에 대한 '구체적인 꿈과 소원'이 있어야 합니다. 꿈꾸지 않고 소원하지도 않았는데 큰 일이 이루어지는 법은 없습니다. 만약 당신의 꿈과 소원 목록에 없는 돈이나 물건, 땅과 집, 빌딩들이 갑자기 당신에게 주어지면 정신없이 그것에 휘둘리다가 하루 만에 다 잃게 됩니다.

로또 복권에 당첨된 것처럼 크고 좋은 일이 생겨도 "내가 원한 것이 아닌데 왜 이런 일이 생겼지?"라며 당황하게 되고 그것을 마음에 품고 간직할 수 없게 됩니다. 그러면 인생이 마구 흔들려 순식간에 황폐케 되고 얼마 안 가 이전보다 더 가난해집니다. 그래서 지혜의 영이신 성령님이 임하시면 가장 먼저 꿈을 꾸고 환상을 보고 예언을 하게 하시므로 당신의 마음을 준비시키시는 것입니다.

"하나님이 말씀하시기를 말세에 내가 내 영을 모든 육체에 부어 주리니 너희의 자녀들은 예언할 것이요. 너희의 젊은이들은 환상을 보고 너희의 늙은이들은 꿈을 꾸리라."(행 2:17)

꿈과 환상과 예언은 성령의 언어입니다.

모든 영역에 먼저 꿈과 환상과 예언을 가져야 합니다.

예수님은 "너희가 내 이름으로 무엇이든지 구하라. 그러면 내가 행하겠다"고 하셨고 또 "너희가 이 산을 향해 들려 바다에 던지우라고 말하면 그대로 될 것이다"라고 말씀하셨습니다. 여기서 말하는 것은 '아무 산'이 아닌 '이 산'이라는 구체적인 산입니다.

성공적인 인생과 신앙생활의 비결은 무엇일까요? 막연한 기대와 바람이 아닌 '구체적인 꿈과 소원 목록'을 적는 것에서부터 시작합니다. 나는 종류별로 다양하게 꿈과 소원 목록을 적었고 그것이 대부분 이루어졌습니다. 되고 싶은 모습, 하고 싶은 일, 가보고 싶은 나라, 먹고 싶은 음식, 타고 싶은 차, 살고 싶은 집, 입고 싶은 옷, 쓰고 싶은 책, 벌고 싶은 돈의 액수, 헌금하고 싶은 돈의 액수, 아내와 자녀에 대한 것 등을 구체적으로 열 가지 이상 적었는데, 그것들을 모두 합하니 120가지가 넘었습니다.

"정말 이것이 이뤄질까? 황당해"라고 했던 막연하고 커 보였던 것들이 어느 날부터 폭발적으로 이루어지기 시작했습니다. 하나님은 조용하신 것 같지만 어느 날 하루 만에 주시는 분입니다.

"하루 만에 동시다발적으로 꿈과 소원이 이루어진다."

이 사실을 믿고 당신도 꿈과 소원 목록을 적기 바랍니다.

꿈과 소원 목록을 만들고 120가지를 적으면 진짜로 이루어지는 것처럼 전도에 대해서도 구체적인 목록을 적어야 합니다.

나는 사람들에게 "인도 대상자 목록을 만들라"고 말합니다.

당신도 "인도 대상자 목록을 만들어 120명을 적고 강권하여 데려다가 하나님의 집을 채우라"는 말씀에 순종하십시오.

"사람을 강권하여 데려다가 내 집을 채우라."(눅 14:23)

'전도'는 그물을 던지는 것과 같고 '인도'는 그물을 끌어올리는 것과 같습니다. 전도하는 것도 중요하지만 인도는 더욱 중요합니다.

인도는 익은 열매를 따는 것입니다. 익은 감은 직접 따야지 감나무 밑에 누워 언젠가는 떨어지겠지 하며 막연히 기다리면 안 됩니다. 감이 떨어지기를 기다리려면 오랜 시간이 필요합니다. 그렇게 땅에 떨어진 감은 상해서 먹을 수 없습니다. 많은 사람들이 전도한후에, 감이 떨어지기를 기다리는 것처럼 그 사람이 언젠가는 교회에 나올 거라고 기대하며 오랜 세월을 기다립니다.

하지만 주님은 "익은 감은 따야 한다"고 말씀하십니다. 그것이 바로 "사람을 강권하여 데려다가 내 집을 채우라"는 말씀입니다. 당신은 그동안 도를 전하기만 하는 '전도'를 많이 했습니까? 이제는 사람을 강권하여 데려다가 교회를 채우는 '인도'를 해야 합니다. 이것은 모든 사람이 순종해야 하는 주님의 명령입니다.

구체적으로 어떻게 실천하면 될까요?

첫째, 인도 대상자 목록을 만들어 120명을 적으십시오.

적을 사람이 없다고요? 아닙니다. 찾으면 분명히 있습니다.

"성령님, 제가 인도해야 할 사람이 누군가요? 120명을 알려 주세요"라고 부탁드리십시오. 그러면 한 명씩 계속 떠오를 것입니다. 지금 교회에 나오지 않는 모든 가족과 친척, 친구, 지인의 이름과 얼굴이 떠오르게 하실 것입니다. 그들을 다 적으십시오.

둘째, 한 번 기도하고 구한 다음 받았다고 믿으십시오.

예수님은 "너희가 기도하고 구하는 것은 기도하고 구하는 중에 이미 받았다고 믿으라"고 말씀하셨습니다. 그들의 얼굴을 떠올리며 이름을 적으면서 한 번 구하고 그 다음엔 받았다고 믿어야 합니다. 그 사람들을 위해 5년, 10년간 울며 기도해야 하는 것이 아닙니다.

셋째, 그 사람을 강권하여 데려다가 교회의 빈자리를 채우십시오.

그들이 교회에 안 나오면 그 시간에 뭘 하겠습니까? 그들은 복음을 듣지 않습니다. 하나님을 찾으며 경배하지 않고 있습니다. 그들은 죄와 목마름, 병과 가난, 어리석음과 징계와 죽음 가운데 거하고 있습니다. 그들은 모든 시간과 돈을 엉뚱한 곳에 씁니다.

그들이 교회에 나와 앉아서 예배하게 해야 합니다. 온전한 복음의 말씀을 듣게 해야 합니다. 하나님을 찾으며 경배하게 해야 합니다. 그들이 의와 성령 충만, 건강과 부요함, 지혜와 평화와 생명을 누리며 살게 해야 합니다. 그들이 모든 시간과 돈을 하나님의 영광을 위해 쓰게 해야 합니다. 그들을 당신이 다니는 교회로 인도하십시오.

복음을 전하는 일은 '전도와 인도'를 꼭 함께 해야 합니다.

지금까지 당신은 전도를 잘 했고 많이 했습니다. 하지만 전도 받은 그 영혼들은 교회에 나오지 않고 있습니다. 왜일까요? 인도하지 않았기 때문입니다. 그들은 구원은 받았지만 길거리에 버려져 있습니다. 하나님은 이러한 '유기 상태'를 기뻐하지 않으십니다. 주인이 반려 동물을 입양만 하고 즉시 유기시킨 것과 같습니다.

유기(遺棄)는 '보호하지 않고 내다 버렸다'는 뜻입니다.

집을 나간 탕자는 여전히 아버지의 아들이었습니다. 하지만 그는 길거리에 유기되었습니다. 물론 스스로 집을 나간 것이죠. 돼지가 먹는 쥐엄 열매도 주는 사람이 없어 많이 굶주렸습니다. 오늘날도 온전한 복음을 듣지 못하고 굶주린 영혼들이 길가에 많습니다.

"그래도 내가 전도해서 그 사람이 생명을 얻었잖아요?"라고 하겠지만 예수님이 오신 목적은 하나만 아닌 둘이었습니다. 생명을 얻되, 넘치게 얻게 하는 것이었습니다. "내가 온 것은 양으로 생명을 얻게 하고 더 풍성히 얻게 하려는 것이라."(요 10:10)

아기가 태어나 생명을 얻었지만 엄마 품속에 안겨 젖을 빨지 못하고 길거리에 버려진다면 어떻게 되겠습니까? 태어나게 한 것은 '전도'이지만 젖을 빨게 하며 양육하는 것은 '인도'입니다.

하나님은 '엘 샤다이' 곧 젖 먹이는 하나님이십니다. 그러므로 오늘부터는 전도에서 한 걸음 더 나아가 인도하겠다는 꿈과 소원을 가져야 합니다. 주일마다 모든 지인을 교회로 인도하십시오.

1차로 120명의 영혼을 인도하겠다는 꿈을 가지십시오.

120명을 인도했으면 또 다시 새로운 영혼 120명을 적으십시오.

당신을 통해 3천 명, 5천 명이 교회로 인도될 것입니다. 그들은 생명을 얻되 풍성히 얻게 될 것입니다. 이것이 하나님을 가장 기쁘시게 하는 일입니다. 지금 당장 인도 대상자 목록 120명을 적고 강권하여 데려다가 교회를 채우십시오. 이것이 가장 중요합니다.

진짜 억만장자는 영혼을 돌보는 사람입니다.

"한 영혼이 천하보다 귀하다"고 했습니다. 한 영혼은 한 달란트 곧 20억보다 가치가 있습니다. 한 영혼은 100조원 이상의 가치가 있습니다. 그러므로 돈을 10억, 100억 버는 것보다 한 영혼을 교회로 인도하는 것을 더 큰 수입으로 여겨야 합니다.

영혼을 인도하는 영적인 억만장자가 되십시오.

이것이 가장 큰 억만장자입니다.

당신은 억만장자입니다.

나는 받았다고 믿고 움직였다

골방에서 애걸만 하지 말고 움직여라

당신의 믿음은 '밖에서 행동하는 큰 믿음'입니까?

아니면 '골방에서 애걸만 하는 작은 믿음'입니까? 믿음이 좋다는 많은 사람들이 골방에서 끝도 없이 애걸하면 언젠가는 하늘에서 복이 뚝 떨어질 거라고 생각합니다. 그래서 하루 종일 엎드려 웁니다.

그렇게 앉아서 울지만 말고 받았다고 믿고 움직여야 합니다.

나는 성령님의 음성을 듣고 잠실에서 교회를 개척했습니다.

그때 우리 가족은 보증금 300만 원에 월세 30만 원짜리 반 지하방을 얻어 여섯 식구가 살았습니다. 그곳도 감사했지만 거기서 넷째를 출산하고 내 몸이 많이 힘들어졌습니다. 나는 햇볕이 잘 드는 집으로 이사하고 싶었습니다. 하지만 우리 형편에 그건 도저히 불가능해 보였습니다. "주님, 지상으로 이사하게 해주세요"라고 부르짖어 기도하기를 여러 달 지났지만 너무 막연했습니다.

그러던 어느 날 내 마음속에서 문득 '구했으면 찾아야 하지 않을까? 집 안에서 아무리 기도해도 밖에 나가서 찾지 않으면 내가 원하는 집을 얻을 수 없잖아. 내가 원하는 더 좋은 집은 내가 기도하는 이 골방 안에 있지 않고 바깥에 있으니까'라는 생각이 들었습니다.

그날 나는 집을 나와 무조건 동네 부동산을 찾아갔습니다. 몇 군데를 다니다가 우리 가족이 살기에 좋아 보이는 새 빌라의 3층, 방 3칸짜리를 발견하게 되었는데 그 집이 월세로 나와 있었습니다.

남편과 산책하다가 "저런 집에서 살고 싶다"고 했던 바로 그 집이었습니다. 거기다 보증금도 우리가 가지고 있는 것에 조금만 더 보태면 되었습니다. 우린 주님이 주신 집이라는 확신이 들어 계약하고 바로 이사할 수 있었습니다. 만약 대문을 나서 부동산에 들르지 않았다면 그 좋은 집은 나와 상관없고, 우리는 여전히 반 지하에서 살았을 것입니다. 믿음으로 하나님께 구했으면 받았다고 믿고 행동해야 합니다. 그래야 하나님이 예비하신 것을 찾아 누릴 수 있습니다.

도널드 트럼프는 "금융권 대출을 잘 활용하라"고 했습니다. 그는 한때 92억 달러, 약 11조 원의 빚을 지고 파산할 지경까지 갔지만 골방에 앉아서 울고만 있지 않았습니다. 그는 도망가지 않았으며 책을 읽고 생각하며 수백 명의 채무자들을 만나 협상했습니다. 그는 처음에 부동산 개발 사업을 할 때부터 울지 않고 움직였습니다. 운다고 해결되는 것이 아닙니다. 예수님도 아들이 죽어 슬피 우는 나

인성 과부에게 "울지 마라"(눅 7:13)고 말씀하셨습니다.

자신의 형편을 생각하며 울지 말고 예수님을 믿어야 합니다.

"울어도 못하네. 믿으면 하겠네"라는 찬양 가사를 기억하십시오.

예수님은 기적을 기다리는 사람에게 믿고 행동하라고 하셨습니다. "예수께서 길을 가실 때 날 때부터 맹인 된 사람을 보신지라. 이르시되 실로암 못에 가서 씻으라 하시니 실로암은 번역하면 보냄을 받았다는 뜻이라. 이에 가서 씻고 밝은 눈으로 왔더라."(요 9:1, 7)

물론 그 사람은 그냥 행동한 것이 아니라 예수님의 음성을 듣고 행동했습니다. 당신도 예수님의 음성을 듣고 순종하면 응답 받습니다. 하나님은 "순종이 제사보다 낫다"고 했습니다. 날마다 울며 예배하는 것보다 그분의 음성을 듣고 순종하는 것이 더 중요합니다.

당신이 어떤 것을 구했으면 받았다고 믿고 행동해야 합니다.

기도하고 구한 것은 모두 성령 안에서 시간과 공간을 초월해서 실제로 받았다고 믿고 조금도 의심하지 말아야 합니다. 그리고 주님의 음성을 따라 주변 환경에서 찾고 사람들에게 두드려야 합니다.

기도는 많이 하지만 자신이 구한 것이 이미 응답되어 주변에 와 있다고 믿지 않는 사람이 많습니다. 그들은 하루 종일 골방에 엎드려 기도하고 1년, 10년이 지나도 똑같은 모습으로 기도합니다. 주님께 묻지도 않고 밖에 나가 응답을 찾지도 않습니다. 하나님이 기도 응답을 자기 눈앞에 딱 갖다 놓기만 바라는 것입니다.

예수님은 기도에 대해 한 가지가 아닌 세 가지를 말씀하셨습니다.

"구하라. 찾으라. 두드리라."

한 번 기도하고 구한 것은 받았다고 믿으십시오.

"기도하고 구한 것은 이미 받은 줄로 믿으라."(막 11:24)

당신이 꿈과 소원에 대해 기도하고 구했으면 받았다고 믿고 성령님과 함께 바깥으로 나가 움직여야 합니다. 골방에 쪼그리고 앉아 있지 말고 일어나십시오. 밖으로 나가 발걸음을 옮기십시오. 주변 환경에서 찾으십시오. 그러면 이미 응답되어 있는 것을 만나게 될 것입니다. 그렇지 않으면 응답이 소리 없이 지나갈 것입니다.

한 번 기도하고 구했으면 받았다고 믿고 이렇게 물으십시오.

"성령님, 어떻게 할까요? 제가 구한 것이 어디에 있나요?"

그러면 성령님께서 당신의 마음에 세미한 음성과 감동을 주실 것입니다. 그 음성과 감동을 따라 찾고 두드리면 됩니다.

"구하라, 그리하면 너희에게 주실 것이요. 찾으라, 그리하면 찾아낼 것이요. 문을 두드리라, 그리하면 너희에게 열릴 것이니 구하는 이마다 받을 것이요. 찾는 이는 찾아낼 것이요. 두드리는 이에게는 열릴 것이니라."(마 7:7~8)

당신도 내 집에 대한 꿈을 가지라

당신은 집에 대한 꿈과 소원이 있습니까?

나는 하나님의 음성을 듣고 순종하여 서울 잠실로 이사 왔습니다. 하지만 10년이 넘도록 집에 대한 꿈과 소원이 없었습니다. 그러던 어느 날 하나님께서 "집에 대한 꿈을 가지라"고 하셨습니다.

"언제까지 그렇게 월세를 내며 살겠느냐? 월세를 받겠다는 꿈을 가져라. 언제까지 그렇게 남의 집에서 살겠느냐? 네 집에서 살겠다는 꿈을 가져라. 네가 꿈꾸고 기도하면 내가 이루어 주겠다."

사람들은 하나님의 말씀에 순종하면 언젠가는 잘 될 거라고 막연한 기대를 품고 살아갑니다. 하지만 하나님은 구체적인 꿈과 소원을 가지고 그것을 믿음으로 구할 때 응답하시는 분입니다.

아래의 말씀을 암송하고 실천하고 있습니까?

"이스라엘아 들으라. 우리 하나님 여호와는 오직 유일한 여호와이시니 너는 마음을 다하고 뜻을 다하고 힘을 다하여 네 하나님 여호와를 사랑하라. 오늘 내가 네게 명하는 이 말씀을 너는 마음에 새기고 네 자녀에게 부지런히 가르치며 집에 앉았을 때에든지 길을 갈 때에든지 누워 있을 때에든지 일어날 때에든지 이 말씀을 강론할 것이며 너는 또 그것을 네 손목에 매어 기호를 삼으며 네 미간에 붙여 표로 삼고 또 네 집 문설주와 바깥문에 기록할지니라."(신 6:4~9)

그렇다면 그 이전 구절과 그 이후의 구절도 공부해야 합니다.
그 이전 구절은 무엇일까요? 신명기 6장 3절입니다.

"이스라엘아, 듣고 삼가 그것을 행하라. 그리하면 네가 복을 받고 네 조상들의 하나님 여호와께서 네게 허락하심 같이 젖과 꿀이 흐르는 땅에서 네가 크게 번성하리라."

여기서 하나님은 당신에게 젖과 꿀이 흐르는 땅을 주신다고 약속하셨습니다. 이것은 천국의 '새 땅'만 말하는 것이 아닙니다. 이 세상에서 가족과 함께 사는데 필요한 '기름진 땅'을 의미합니다.

당신은 현세에서 '땅에 대한 꿈과 소원'을 가져야 합니다.

그 후에 나오는 구절인 신명기 6장 10~11절을 보십시오.

"네 하나님 여호와께서 네 조상 아브라함과 이삭과 야곱을 향하여 네게 주리라 맹세하신 땅으로 너를 들어가게 하시고 네가 건축하지 아니한 크고 아름다운 성읍을 얻게 하시며 네가 채우지 아니한 아름다운 물건이 가득한 집을 얻게 하시며 네가 파지 아니한 우물을 차지하게 하시며 네가 심지 아니한 포도원과 감람나무를 차지하게 하사 네게 배불리 먹게 하실 때에......"

여기서도 하나님은 '땅과 집'에 대한 이야기를 하십니다.

하나님께서 존귀한 당신에게 무엇을 주고 싶어 하십니까?

첫째, 네게 주리라고 맹세한 땅을 주겠다.

둘째, 네가 건축하지 아니한 크고 아름다운 성읍을 얻게 하겠다.

셋째, 네가 채우지 아니한 아름다운 물건이 가득한 집을 주겠다.

넷째, 네가 파지 아니한 우물을 차지하게 하겠다.

다섯째, 네가 심지 아니한 포도원을 차지하게 하겠다.

여섯째, 네가 심지 아니한 감람나무를 차지하게 하겠다.

일곱째, 그것으로 네게 배불리 먹게 하겠다.

놀랍지 않습니까? 그런 후에 깨어 있으라고 하셨습니다.

"네가 이 모든 것을 받은 후에 깨어 있고 우상 숭배하지 마라. 영적인 간음을 행하지 마라. 항상 겸손하고 여호와를 경외하라."

이것은 거지가 아닌 하나님의 왕족에게 하신 말씀입니다.

"너는 조심하여 너를 애굽 땅 종 되었던 집에서 인도하여 내신 여호와를 잊지 말고 네 하나님 여호와를 경외하며 그를 섬기며 그의 이름으로 맹세할 것이니라. 너희는 다른 신들 곧 네 사면에 있는 백성의 신들을 따르지 말라."(신 6:12~14)

두려운 마음으로 하나님을 섬기는 것만 생각하고 하나님이 주시는 복을 받아 누리는 것은 아예 꿈도 못 꾸는 사람들이 너무나 많습니다. "제가 교만해지면 어떻게 하나요?" 그렇지 않습니다.

하나님이 주시는 복을 마음껏 받아 누리되 그분을 가장 크게 여기면 됩니다. 당신 안에 계신 하나님은 땅과 빌딩과 돈보다 억만 배나 크신 분이며, 모든 사람과 우상보다 억만 배나 크신 분입니다.

나는 하나님이 주시는 모든 복을 받아 누리면서도 영원히 변함없이 크신 하나님을 경외하며 섬기기로 결심했습니다. 당신도 그렇게 살겠다고 결심하고 순간마다 성령님께 도움을 구하십시오. 그러면 당신과 가족, 그리고 자손 천대까지 복을 받을 것입니다.

내 인생을 바꾼 억만장자 마인드

당신은 집과 땅을 알아보기 위해 움직인 적이 있습니까?

나는 하나님의 한없는 은혜를 받았고 날마다 행복하게 살고 있었습니다. 하지만 한 가지 문제는 10년이 지나도록 해결되지 않았습니다. 무엇일까요? 내 명의로 된 집과 땅이 없었다는 것입니다.

어느 날, 하나님은 남편인 김열방 목사님에게 '성경적인 부의 원리에 대한 말씀'을 깨닫게 하셨습니다. 그것으로 <내 인생을 바꾼 억만장자 마인드>라는 책을 써냈고 '억만장자 세미나'를 열었습니다.

그때 집을 사야 한다는 깨달음과 강한 확신이 나를 사로잡았습니다. 나는 미친 듯이 내 집을 열망했습니다. 돈이 없는데도 부동산 중개소를 다니며 집을 보러 다녔습니다. 어느 날 아침, 집 앞 횡단보도를 걸으며 문득 생각이 든 것은 '내가 미쳤지'였습니다. 그때 우리 집이 보증금 3천만 원에 월세로 살고 있었기 때문입니다.

그리고 우리는 아이들이 네 명이고 다들 커서 방을 하나씩 줘야 해서 큰 집이 필요했습니다. 그렇게 1년을 미친 듯이 알아보았는데 때로는 힘들어서 포기하고픈 마음도 들었습니다. 하지만 계속 책을 읽고 말씀을 들으면서 내 마음이 더욱 뜨겁게 불타올랐습니다.

그러던 어느 날 기적 같은 일이 일어났습니다. 부동산에서 우리가 원하는 집이 나왔다고 해서 가 보았는데 정말 우리가 원하는 멋진 방 다섯 칸짜리 집이었습니다. 넓은 거실에다 높은 천장에 아름다운 샹들리에가 멋지게 달려 있었습니다. 나는 가슴이 뛰었고 남편은 "저 샹들리에를 꼭 사야 해"라고 말했습니다.

남편은 즉시 성령님께 물었습니다.

"성령님, 어떻게 할까요?"

"그 집을 사라. 당장 계약해라."

우리는 즉시 천만 원을 만들어 가계약을 했는데 그날부터 기적이 일어나기 시작했습니다. 매일 성령의 동풍이 불어 필요한 돈 5억이 정확하게 채워졌던 것입니다. 사실 집을 보러 가던 그날 우리 주머니에는 달랑 50원 짜리 동전 하나만 들어 있었습니다.

우리는 계약금도 없었지만 너무나도 확신이 강해서 믿음으로 밀어 붙이기로 했습니다. 나는 그 순간 받았다는 믿음과 함께 가능한 예산을 신속하게 계산해 보았는데 모험을 해볼 만하다는 확신이 들었습니다. 남편도 좋다고 해서 그 집을 샀습니다.

하나님은 안 되는 것을 되게 하시는 분이며 바랄 수 없는 중에 바라게 하시는 분입니다. 없는 것을 있는 것처럼 불러내시는 분입니다. 그런 하나님이 모든 쓸 것을 기적적으로 채워 주셨습니다.

어떻게 하면 당신도 나처럼 원하는 것을 얻을 수 있을까요?

첫째, 꿈과 소원을 이미 받았다고 실상으로 보아야 합니다.
둘째, 간절히 원해야 합니다.
셋째, 성령님께 묻고 음성을 들어야 합니다.

나는 날마다 행복에 푹 빠져 산다

당신은 오늘 주어진 하루를 천금보다 귀하게 여깁니까?
나는 매일 주어지는 일상을 소중히 여기며 행복하게 삽니다.

여름이 되면 사람들은 네 잎 클로버를 얻기 위해 토끼풀을 유심히 살피며 하나라도 찾으려고 애씁니다. 네 잎 클로버의 꽃말이 '행운'이기 때문입니다. 그러나 수없이 널려 있는 세 잎 토끼풀의 꽃말이 '행복'인 것은 잘 모릅니다. 너무 많아서 별 관심이 없기 때문입니다.

많은 사람들이 자기에게 없는 것만 찾아다닙니다.

우리가 인생을 대하는 태도가 이와 무엇이 다를까요?

다들 자기 주변에서 행운을 찾기 위해 얼마나 많은 애를 쓰고 있습니까? 그 행운은 아주 가끔씩 혹은 순간 왔다 지나가 버립니다. 아무리 좋은 일이라 해도 그 기쁨과 희열이 지속되기는 쉽지 않습니다. 결국 행복해지고 싶어서 행운을 좇는 것이 아닐까요?

한 번뿐인 소중한 인생, 행운만 좇아 산다면 결코 진정한 행복을 누릴 수 없을 것입니다. 막연한 행운에서 눈을 돌려 소소한 행복을 바라본다면 일상에서 많은 행복을 찾을 수 있습니다.

자기 인생에서 일어나는 셀 수 없이 많은 행복한 일들이 너무나 당연하게 생각되기에 사람들은 그것을 행복하다고 느끼지 못하고 흘려보내는 것입니다. 그러고는 잡을 수 없는 언덕 위의 일곱 빛깔 무지개를 잡겠다고 정신없이 달려갑니다.

세상에서 가장 아름다운 일곱 빛깔 무지개는 예수님입니다.

당신 안에 의와 성령 충만, 건강과 부요함, 지혜와 평화와 생명이신 예수 그리스도가 실제로 살아 숨 쉬고 있습니다.

"예수 그리스도께서 너희 안에 계신 줄을
너희가 스스로 알지 못하느냐?"(고후 13:5)

당신 안에 예수님이 살아 계신 것을 억만 번이나 감사하십시오.

그리고 예수님과 함께 누리는 모든 일상을 진정한 행복으로 여기십시오. 예수님은 당신에게 이미 생명을 주셨고 날마다 더 풍성한 생명을 주십니다. 그분은 당신이 생명을 얻되 넘치게 얻게 하려고 오셨고 날마다 그 일을 당신 안에서 행하고 계십니다.

행복은 지금 당신에게 주어져 있는 것을 감사하는데서 옵니다.

지금 당신이 살아 있음을 억만 번이나 감사하면 행복해집니다.

나는 날마다 하나님께 억만 번이나 감사하며 살고 있습니다.

"하나님, 오늘 저에게 먹을 것이 있어 감사합니다. 내 옆에 사랑하는 사람이 함께 있어 감사합니다. 건강한 몸으로 무엇이든 할 수 있어 감사합니다. 억만 번이나 감사합니다."

이렇게 일상에 주어진 모든 것을 감사하면 행복해집니다.

너무나 행복한 일들이 우리에게는 많습니다. 세 잎 클로버가 온 들판에 널려 있는 것처럼 일상의 행복이 온 세상에 널려 있습니다. 그 넘치는 행복 속에 가끔씩 행운이 찾아옵니다.

오늘 행복을 누리며 사십시오.

모든 사람과 문제를 먼지처럼 작게 여기라

당신은 문제에 부딪히면 어떤 자세로 받아들입니까?

예전에 나는 생전 처음 부딪히는 문제들 때문에 스트레스를 많이 받았습니다. 처음 잠실에서 집을 살 때 돈 문제, 인테리어 문제, 이사할 때와 이사한 후에 크고 작은 문제들이 계속 생겨 매우 힘들었습니다. 그런데 몇 년 지나니 그 모든 것이 복이었습니다.

출판사를 설립해 운영하면서도 예기치 못한 문제들이 생겼습니다. 책이 한 권씩 나올 때마다 내가 원하는 높은 수준의 디자인과 품질 문제, 거래처 사람들과의 문제, 법적인 문제 등, 처음 부딪힐 때는 가슴이 쿵쾅거리고 숨이 가빠지면서 '도대체 이 문제를 어떻게 해결하지?'라는 생각에 하늘이 노래지는 것 같았습니다.

그러나 시간이 조금 지나면서 곰곰이 생각해보면 그 모두가 감사한 일이었습니다. 성령님께서 내가 상상치도 못하는 놀라운 해결책을 순간마다 떠올려 주셔서 모든 문제가 잘 해결되었습니다.

그런 문제들은 결코 반가운 손님은 아닙니다. 부담이 되고 스트레스가 되기 때문입니다. 나는 성령님께 도움을 구했습니다. "제발 제 삶에서 아무런 문제가 일어나지 않게 해 주세요"라며 하나님께 하소연하기도 했습니다. 하루는 내 마음에 놀라운 깨달음이 왔습니다.

"내 딸아, 인생을 살면서 아무런 문제가 생기지 않는다면 성장도 없고 더 나은 삶도 없다. 모든 문제는 시간이 지나면서 다 해결된다. 그 문제를 작게 생각해라. 그러면 쉽게 해결할 수 있다. 그리고 문제를 더 큰 성장을 위한 당연한 일로 받아들여라. 장벽이라기보다는 하나의 과정으로 받아들이면 스트레스가 되지 않는다."

놀라운 깨달음이었습니다. 그 후로 나는 문제가 생기면 마음에 부담을 갖지 않고 잠시 내버려둡니다. 그러면 얼마 후에 성령님께서 그 문제를 단순하게 해결할 수 있는 놀라운 지혜를 주십니다.

어떤 사람은 문제에 부딪히면 피하고 도망가 버립니다. 그러면 그것으로 인한 손해는 고스란히 본인이 다 짊어져야 합니다.

인생을 살면서 문제는 다양하게 부딪혀 옵니다. 그때마다 힘들다며 피하거나 도망가면 안 됩니다. 잠시 물러나 지켜보는 것과 문제를 피해 멀리 도망가는 것은 하늘과 땅 차이입니다.

문제를 피하지 말고 성령님과 함께 부딪히십시오. 성령님께 도움을 구해서 어떻게든 그 문제를 해결하십시오. 그러면 그때마다 크게 성장하게 됩니다. 그리고 성공적인 삶을 살 수 있습니다.

하나님은 이미 그 문제를 피할 길을 예비해 두셨습니다.

반드시 닫힌 문이 열리고 없던 길이 생깁니다.

"사람이 감당할 시험 밖에는 너희가 당한 것이 없나니 오직 하나님은 미쁘사 너희가 감당하지 못할 시험 당함을 허락하지 아니하시고 시험 당할 즈음에 또한 피할 길을 내사 너희로 능히 감당하게 하시느니라."(고전 10:13)

속상할 때 욱 하지 말고 감정을 다스리라

당신은 어떤 일 때문에 속이 많이 상합니까?

속이 상한다고 욱 하는 감정으로 저주의 말을 내뱉으면 안 됩니다. 그 저주의 말 한 마디 때문에 인생을 망칠 수 있습니다.

나는 아이들과 이야기하다가 아이들이 순간 짜증을 내면 속이 많이 상합니다. 아이가 자기주장을 내세우며 고집을 부리거나 대화하다가 자기 뜻대로 못한다고 대뜸 짜증을 낼 때는 어떻게 반응을 해야 할지 답이 없습니다. 하지만 시간이 조금만 지나면 흥분된 내 마음이 가라앉고 이성적으로 생각하게 됩니다.

그리고 '아이가 밖에서 무슨 일이 있었나? 친구와 다퉜나?' 등 그 아이의 입장에서 이해하려고 애쓰게 됩니다.

어쩌면 엄마는 가장 편하고 대하기 쉬운 관계이기 때문에 자기도 모르게 감정을 쉽게 드러내는 것 같습니다. 그렇다고 모든 것을 엄마의 관점에서 아이가 맞춰 반응해 주길 바란다면 서로 행복할 수 없습니다. 내가 아이에게 바라는 것이 '내 입장에서의 반응'인 경우가 많기 때문입니다. 입장을 바꿔 놓고 생각해야 합니다.

아이가 자기감정과 입장에 솔직히 표현할 때 그것을 인정하고 이해해 주는 것이 필요합니다. 그래야만 아이가 모든 일에 자신의 의지대로 상황을 판단하고 대처하는 힘이 길러집니다.

부모가 원하는 대로 모든 것에 반응을 잘하는 아이는 '착한 사람'으로 성장하게 되어 나중에 크면 윗사람 눈치만 보며 비위를 맞추는 사람이 될 수도 있습니다. 그런 아이는 직장에서 좋은 사원이 될 뿐 더 큰 인물이 될 수는 없습니다. 자기의 생각이나 주장하고 싶은 것을 예의를 갖추어 정중하게 말하지 못하는 사람은 평생 남이 시킨 일만 하며 노예와 하녀처럼 살아야 합니다.

나는 어린 자녀를 둔 부모님에게 이렇게 권합니다.

"노예와 하녀는 의사 표현을 하지 못하고 남이 시킨 일만 해야 하지만 왕자와 공주는 의사 표현을 당당하게 하고 자신이 진정으로 원하는 일을 한다. 당신의 자녀가 노예와 하녀처럼 비참하게 살지 않고 왕자와 공주처럼 비옥하게 살도록 잘 코치하라."

나는 최대한 아이들의 이야기를 들어 주려고 노력합니다.

아이들은 밖에서 돌아오면 식탁이나 자기 방에서 그날 있었던 일들을 내게 이야기합니다. 그럼 난 "그랬구나. 와, 정말 좋았겠네. 많이 힘들었겠다"등의 말로 반응을 해줍니다.

간혹 아이가 어떤 사건에 대한 의견을 물을 때 내가 말하는 것이 자기와 맞지 않아 서로 감정적으로 삐꿋할 때도 있습니다. 그때는 억지로 그 상황을 풀려고 하거나 "어른인 내가 옳고 넌 어리니까 틀렸다"며 구박하지 않습니다. 그랬다가는 서로 감정이 더 격해질 뿐입니다. 조용히 그 자리를 피해 감정을 식혀야 합니다. 부모 자식 사이지만 서로의 관점이 달라 의견이 충돌하는 것이지 한쪽이 무조건 잘못된 것은 아니기 때문입니다.

아이의 사고방식을 존중해 주는 것이 필요합니다.

당신의 자녀를 존중하고 끝까지 믿어 주십시오.

"아무 일에든지 다툼이나 허영으로 하지 말고 오직 겸손한 마음으로 각각 자기보다 남을 낫게 여기고 각각 자기 일을 돌볼뿐더러 또한 각각 다른 사람들의 일을 돌보아 나의 기쁨을 충만하게 하라." (빌 2:3~4)

가족에게 건강에 좋은 음식을 만들어 먹이라

나는 아들 둘 딸 둘 네 명의 자녀를 낳아 키웠습니다.

첫아이를 가졌을 때는 많이 힘들었고 밥을 제 때 해먹지 못했습니다. 만삭일 땐 더욱 심했습니다. 아침에 일어나 배가 고프면 남편에게 부탁해 딸기와 우유를 사 달라고 해서 남편과 함께 먹곤 했습니다. 그때가 3, 4월이어서 딸기가 풍성했습니다. 그렇게 먹기 시작한 '딸기와 우유 함께 먹기'는 계속되었습니다. 이것이 '딸기 라테'입니다. 라테(latte)는 이탈리아어로 '우유'를 뜻합니다.

딸기와 우유를 섞으면 딸기 라테가 됩니다.

아이들이 커서는 봄에 아침마다 딸기와 요구르트를 함께 섞어 주었습니다. 좀 더 많은 딸기를 맛있게 먹게 하려고 딸기를 으깨고 우유와 꿀을 조금 넣고 요구르트도 듬뿍 부어 줬더니 다들 너무나 잘 먹었습니다. 우유는 딸기와 섞이면서 멍울이 생기고 화학 반응을 하는 것 같은데 요구르트는 그렇지 않았습니다.

지금은 아이들 네 명 다 20세가 넘었는데 아기 때부터 지금까지 한 번도 딸기 라테를 거절하지 않고 매일 해줘도 좋아합니다.

아이가 네 명이니까 한 번에 1kg정도를 숟가락으로 힘들게 으깨곤 했는데 어느 날 여섯 살 된 막내 딸 예은이가 "엄마, 감자 으깨는 걸로 으깨면 안 될까?"라고 말하는 것이었습니다.

"와, 정말 좋은 생각인데" 하고 바로 감자 으깨는 걸로 딸기를 으깨어 보니 정말 간단하게 끝났습니다. 몇 년을 해먹이면서 왜 이걸 생각하지 못했을까 라는 생각이 들었습니다. "엄마가 예은이에게 하나 배웠네. 고마워"라며 칭찬해 주었습니다.

요즘은 요리용 비닐장갑을 끼고 손으로 으깹니다.

여전히 우리 집은 봄이 되면 딸기 라테를 해서 먹습니다.

믹서에 딸기를 갈면 식감도 별로고 영양소도 파괴될 것 같은데 손으로 으깨었을 때는 살짝 덩어리도 씹혀서 훨씬 더 맛있는 것 같습니다. 요즘 몇몇 음료 가게에서 딸기 라테를 파는 걸 봤습니다. 자녀에게 맛있는 음식 만들어 주는 걸 즐기기 바랍니다.

"현숙한 여인은 상인의 배와 같아서 먼 데서 양식을 가져 오며 밤이 새기 전에 일어나서 자기 집안사람들에게 음식을 나누어 주며 여종들에게 일을 정하여 맡기며......."(잠 31:14~15)

개미처럼 꾸준히 저축하는 습관을 가지라

당신은 미래를 위해 준비하고 있습니까?

지난 세월을 돌이켜 보십시오. 10년, 20년은 금방 지나갑니다.

솔로몬은 "개미처럼 여름에 부지런히 일하고 꾸준히 저축하라. 겨울을 준비하라"고 말했습니다. 미래를 준비하지 않는 사람은 어리석은 사람이고 미래를 준비하는 사람은 지혜로운 사람입니다.

나는 개미처럼 꾸준히 저축하고 모으는 습관이 있습니다.

어릴 때 우리 집이 과수원을 했는데, 나는 아침에 나무를 돌며 내가 먹기 위한 가장 좋은 사과를 따서 몇 개를 모으곤 했습니다. 그랬던 내가 지금은 돈나무에서 돈을 따서 얼마씩 저축합니다.

어릴 때 부모님은 과수원 일을 하셨고 우리도 열심히 도왔습니다.

새벽에 일어나 학교에 가기 전, 우리 다섯 명의 딸들은 호미를 들고 밭을 매러 갔습니다. 사과나무 밑에 풀이 나면 안 됩니다. 나무 사이에 땅콩이 심겨져 있어서 잡초를 자주 뽑아 줘야 했습니다. 사람을 사서 밭을 매면 금방 풀이 올라왔습니다.

그분들은 꼼꼼히 풀을 뽑지 않았기 때문에 돈만 들었고 다시 밭을 매야 했습니다. 그러나 어린 아이였던 나와 자매들이 맸던 곳은 달랐습니다. 우리들은 요령을 피울 줄 모르고 열심히 풀을 뽑았기 때문에 깨끗했고 새 풀이 천천히 올라왔습니다.

그래서 부모님은 우리에게 그 일을 자주 시켰습니다.

그땐 정말 싫었습니다. 더 자고 싶은데 아침마다 호미를 들고 밭에 나가야 했기 때문입니다. 그렇게 부모님은 열심히 돈을 모아 드디어 꿈에도 소원하던 땅을 샀습니다. 그러나 그 기쁨도 잠시였고 몇 년 뒤에 큰 비가 와서 우리 논이 다 떠내려갔습니다.

엄마는 하천부지인지 모르고 그 땅을 샀던 것입니다. 강가에 있던 그 논이 큰물에 많이 휩쓸려 내려가 흔적도 없이 사라졌습니다. 그때 내가 중학생이었습니다. 그날은 특별히 친구들과 읍내 교회에서 놀고 있었는데 교회로 갑자기 전화가 왔습니다.

다급한 엄마의 목소리였습니다.

"논이 떠내려가서 정신이 없다. 집에 가서 동생들 좀 돌봐라."

저녁 9시쯤이었습니다. 우리 집은 산중턱 외딴집이었기에 나는 산길을 걸어 집으로 갔습니다. 장마 후의 하늘은 한없이 맑고 달은 밝았습니다. 은하수가 빼곡히 하늘을 수놓고 있어 환했습니다.

밤길인데도 하나도 무섭지 않았습니다.

엄마가 겪은 우환이 내겐 크게 다가왔습니다.

그 후에 나는 돈에 대해 깊이 생각하게 되었습니다.

'돈을 벌고 그 돈을 어떻게 활용해야 하나?'

35년이 지난 지금도 그날 밤이 너무나 생생합니다.

맑은 하늘과 다급한 엄마의 목소리, 그리고 엄마의 한숨 소리.

그 논을 소개해 준 사람은 가까운 이웃이었습니다.

후회하고 원망한들 소용이 없었습니다. 이미 되돌릴 수 없는 일이 었습니다. 아무리 가깝고 잘 아는 사람이라도 '선택에 대한 책임'은 내가 모두 져야 합니다. "결정하기 전에 한 번 더 꼼꼼하게 알아보았더라면 좋았을 텐데" 하는 아쉬움이 있습니다.

"모든 결과에 대한 책임은 내가 지는 것이 세상 이치다."

당신도 선택할 때마다 꼼꼼히 따져 보아야 합니다. 가장 좋은 방법은 성령님께 묻는 것입니다. "성령님, 어떻게 할까요?"

성령님께 물으면 "사라, 사지 마라"고 말씀해 주십니다.

성령님께 물으면 "팔라, 팔지 마라"고 말씀해 주십니다.

성령님께 물으면 "하라, 하지 마라"고 말씀해 주십니다.

성령님께 물으면 "가라, 가지 마라"고 말씀해 주십니다.

성령님께 물으면 "말하라, 말하지 마라"고 말씀해 주십니다.

성령님의 음성을 듣는 것이 선택할 때 가장 중요합니다.

돈도 버는 것보다 어떻게 관리하고 활용하느냐가 더 중요합니다.

힘들게 벌어서 한방에 다 날릴 수도 있기 때문입니다.

자기의 인생은 자기 자신이 선택하는 것입니다. 그 누구도 대신해 줄 수 없습니다. 부모든 형제든 누구도 대신해 줄 수 없습니다.

나는 아이들에게 "너의 인생이니 네가 선택해"라고 말해 줍니다. 그래야만 후회가 적어집니다. 사람은 누구나 어떤 면에 대해서는 후회합니다. 때로 후회는 인생에 있어 더 크게 성장하는데 필요한 자극제가 되기도 합니다. 후회한다고 상황을 바꿀 수 있는 것은 아닙니다. 후회에 머물러 있으면 원망으로 끝나지만 하나의 과정으로 생각한다면 더 나은 나로 성장할 수 있습니다.

노예 스타일을 버리고 왕족 스타일을 가지라

당신은 어떤 스타일을 좋아합니까?

혹시 노예와 하녀의 스타일을 좋아하지 않습니까? 당신은 하나님의 자녀이므로 옛날 스타일을 버리고 새로운 스타일로 하나씩 바꾸어야 합니다. 스타일을 바꾸는 데는 시간이 조금 걸립니다.

성령님께 도움을 구하며 왕자와 공주 스타일로 바꾸십시오.

하나님이 나에게 주신 삶의 방식은 왕족 스타일입니다.

나는 땀 흘리는걸 무척 싫어합니다.

미스 때도 한여름에 땀 흘리지 않기 위해 천천히 걷고 행동했습니다. 결혼하고선 네 명의 아이를 낳아 키우면서 어쩔 수 없이 많은 땀을 흘려야 했습니다. 내가 직접 살림을 살고 네 명의 아이들을 먹이고 입히며 돌봐야 했기 때문입니다. 지금도 가족의 의식주를 챙기는 일은 대충 하거나 남에게 맡기지 않고 내가 직접 합니다. 자녀는 하나님이 주신 기업이고 100조 원 이상의 가치가 있기 때문입니다. 자녀는 땅이나 빌딩보다 더 소중한 기업입니다.

"보라, 자식들은 여호와의 기업이요
태의 열매는 그의 상급이로다."(시 127:3)

당신의 자녀는 존귀합니다. 자녀의 스타일을 코치하십시오.
노예와 하녀 스타일이 아닌 왕자와 공주 스타일로 만드십시오.
돈이 없다며 궁상떨지 말고 작은 것부터 하나씩 스타일을 바꾸십시오. 하나님의 자녀는 제일 좋은 옷을 입을 자격이 있고 새 신을 신고 손에 반지를 끼고 살진 송아지를 먹을 자격이 있습니다.
예수님은 두 아들에 대한 비유를 드셨습니다.

"또 이르시되 어떤 사람에게 두 아들이 있는데 그 둘째가 아버지에게 말하되 아버지여 재산 중에서 내게 돌아올 분깃을 내게 주소서 하는지라. 아버지가 그 살림을 각각 나눠 주었더니 그 후 며칠이 안 되어 둘째 아들이 재물을 다 모아 가지고 먼 나라에 가 거기서 허랑방탕하여 그 재산을 낭비하더니 다 없앤 후 그 나라에 크게 흉년이 들어 그가 비로소 궁핍한지라. 가서 그 나라 백성 중 한 사람에게 붙여 사니 그가 그를 들로 보내어 돼지를 치게 하였는데 그가 돼지 먹는 쥐엄 열매로 배를 채우고자 하되 주는 자가 없는지라. 이에 스스로 돌이켜 이르되 내 아버지에게는 양식이 풍족한 품꾼이 얼마나 많은가 나는 여기서 주려 죽는구나. 내가 일어나 아버지께 가서 이르기를 아버지 내가 하늘과 아버지께 죄를 지었사오니 지금부터는 아버지의 아들이라 일컬음을 감당하지 못하겠나이다. 나를 '품꾼의 하나'로 보소서 하리라 하고 이에 일어나서 아버지께로 돌아가니라. 아직도 거리가 먼데 아버지가 그를 보고 측은히 여겨 달려가 목을 안고 입을 맞추니 아들이 이르되 아버지 내가 하늘과 아버지께 죄를 지었사오니 지금부터는 '아버지의 아들'이라 일컬음을 감당하지 못하겠나이다 하나……"(눅 15:11~21)

당신의 자녀는 '품꾼의 하나'가 아닌 '하나님의 자녀'입니다.

"아버지는 종들에게 이르되 제일 좋은 옷을 내어다가 입히고 손에 가락지를 끼우고 발에 신을 신기라. 그리고 살진 송아지를 끌어다가 잡으라. 우리가 먹고 즐기자, 이 내 아들은 죽었다가 다시 살아났으며 내가 잃었다가 다시 얻었노라 하니 그들이 즐거워하더라." (눅 15:22~24)

당신의 자녀는 제일 좋은 옷을 입을 자격이 있습니다. 손에 가락지를 끼고 발에 좋은 신발을 신을 자격이 있습니다. 살진 송아지를 끌어다가 잡아, 먹고 즐길 자격이 있습니다. 그럴 만한 가치가 있습니다. 하나님이 인정하신 자격이니 당신도 인정하기 바랍니다.

나는 생각을 조금 바꾸기로 했다

당신은 순간마다 현실을 직시하고 있습니까?

한 사람에 의해서도 진실은 왜곡될 수도 있습니다.

그 속에서 진실을 찾아 활용할 수 있는 능력이 필요합니다.

대부분의 사람들은 현실에 부딪히면 감정부터 드러냅니다. 하지만 감정은 다스려야 합니다. 욱 하는 감정을 따라 과격하게 행동하면서 잘난 것처럼 큰소리치면 나중에 손해 보게 됩니다.

부정적인 감정은 '거지 의식'을 불러일으킵니다. 에덴동산의 아담과 하와처럼 모든 것을 가졌고 문제가 없는 삶을 살면서도 한 가지를 가지지 못했다는 현실에 부딪혀 불행과 우울을 느끼는 사람이 있습니다. 사실 하나님이 그들에게 주신 에덴동산의 풍성한 은혜와 공급하심에 비하면 한 가지 없는 것은 아무것도 아닙니다.

인생은 작은 것 때문에 감정이 북받쳐 쉽게 불행을 느낍니다.

사람은 감정의 동물이라고 합니다. 흥얼거리며 걷다가 작은 모래알 하나만 신발에 들어와도 금방 불행해지고 돌멩이 하나를 차서 발가락이 아파도 쉽게 우울해집니다. 사실 그 문제만 해결하면 되는 것입니다. 생각을 조금만 바꾸면 행복해질 수 있습니다.

행복은 느낌입니다. 행복하다는 생각을 선택하면 행복할 수 있습니다. 남과 비교하면서 비관적인 생각만 하는 사람은 아무리 많은 재산이 있어도 불행합니다. 그런 사람은 절대로 만족이 없습니다.

어떻게 하면 과거의 불행한 생각을 멈추고 현재와 미래에 대한 행복한 생각을 할 수 있을까요? 과거의 상처들을 빨리 잊어야 합니다.

과거의 실수와 상처에 집착하면 미래를 꿈꿀 수 없습니다.

문득문득 떠오르는 과거에 마음을 주지 마십시오. 예수 이름으로 그것을 끊으십시오. "예수 이름으로 명하노니 잡생각은 사라져라" 고 명령하십시오. 행복한 현재와 미래만 믿고 상상하십시오.

과거의 아픔을 생각하지 말고 깨달음만 가슴에 새기십시오.

주님께 당신의 마음에 있는 꿈과 소원을 다 아뢰십시오.

과거의 쓰라린 아픔은 당신을 성장시킬 수 없습니다. 과거의 아픔은 당신을 그 자리에 계속 머물러 있게 합니다. 과거의 상처에 집착하지 마십시오. 과거의 상처는 당신을 불행하게 하고 우울하게 합니다. 당신의 아픔을 담당하신 예수님의 보혈의 은혜에 집중하십시오.

더 나은 미래를 꿈꾸며 날마다 성장해 나가십시오. 그러려면 당신의 의식 수준 곧 삶의 수준을 낮추지 말아야 합니다.

상황과 환경에 따라, 현실에 맞게 삶의 수준을 낮추어야 한다고 생각하는 사람이 많습니다. 하지만 하나님은 우리를 가장 높은 위치 곧 왕족으로 거듭나게 하셨습니다. 믿음을 지키십시오. 삶의 수준을 낮추지 말고 더 나은 미래를 기대하며 믿음으로 살아가십시오.

나는 아침마다 성경을 읽으며 생각을 조금씩 바꾸고 있습니다.

부정적인 생각을 버리고 긍정적인 생각만 하기로 했습니다.

당신도 생각을 조금 바꾸십시오. 그러면 행복해질 것입니다.

하나님의 마인드를 가지고 크게 생각하십시오.

모든 사람에게 잘 보이려고 애쓰지 마라

당신은 사람들과의 관계를 어떻게 유지하고 있습니까?

나는 20세 때 예수님을 만났습니다. 그때 문득 모든 사람과 좋은 관계를 맺어야 한다는 생각이 들었습니다. 예수님은 "모든 사람이 너희를 칭찬하면 화가 있도다"(눅 6:26)라고 하셨지만 나는 그것을 깨닫지 못했습니다. 모든 사람에게 '좋은 사람'으로 보여야 한다는 마음이 너무 크게 자리 잡고 있어 40세까지 많이 힘들었습니다.

사람들과 부딪힐 때마다 내 마음은 큰 고통을 겪었습니다.

'내가 잘못한 것은 아닐까? 더 고개를 숙여야 했나?'

그러나 이제는 성령님의 도우심으로 그것이 아님을 압니다.

주님은 내게 말씀하셨습니다.

"내가 네게 기름을 부었으니 아무에게나 고개를 숙이지 마라. 그들에게 잘 보이려고 그들의 수준으로 내려가지 마라. 그들을 하나님의 말씀으로 코치해서 너의 수준으로 끌어올려라."

가장 큰 장점이 가장 큰 단점이 될 수 있습니다. 나의 남편은 배려심이 많습니다. 그것 때문에 다른 사람은 유익하겠지만 가장 가까이 있는 식구들은 엉뚱한 불편을 감수해야 할 때가 많았습니다. 당신은 가족에게 어떻게 대합니까? 다른 사람보다 가족이 더 소중합니다.

사람마다 장점이 있으면 단점도 있습니다.

그 사람을 사랑한다면 좋은 점만 사랑하는 것이 아니라 단점도 인정하고 이해해야 합니다. 내가 청년부 시절, 많은 청년들이 한 교사를 좋아하고 따랐습니다. 나도 그 선생님을 가까이에서 많은 시간을 함께 했습니다. 그분은 리더십이 뛰어나 청년들을 잘 이끌어 주었습니다. 하지만 어떤 부분에서는 자기중심적으로 일을 처리할 때도 있었습니다. 몇몇 청년들은 뒤에서 그런 점을 보며 수군거리고 비방하기도 했지만 나는 그러지 않았습니다.

물론 나도 가까이에서 함께 지내다 보니 그분의 단점이 많이 보였습니다. 이 세상에 장점만 있고 단점이 없는 사람은 없습니다. 그러나 그 사람을 존경한다면 그런 단점까지 인정하고 이해해야 합니다.

당신에게도 존경하고 따르는 지도자가 있으면 그의 모든 것을 인정하고 받아들이십시오. 부분적인 행동을 보면서 함부로 수군거리거나 비방하지 마십시오. 하나님은 질서의 하나님이십니다. 하나님이 기름 부어 세우신 종에 대해 비방하지 말고 좋은 말만 하십시오.

비방하는 사람이 있으면 그런 말을 하지 말라고 부탁하십시오.

하나님이 기름 부은 지도자를 비방하면 복을 못 받습니다.

"너의 백성의 관리를 비방하지 말라."(행 23:5)

하나님께도 원수와 적수가 있었다

당신은 원수와 적수가 몇 명 있습니까?

대부분의 사람에게 한두 명의 원수와 적수는 있을 것입니다.

나는 예전에 하나님의 자녀인 내 인생에 원수와 적수가 단 한 명도 있으면 안 된다고 생각했습니다. 그런데 성경을 읽다 보니 생각이 바뀌었습니다. 예수님은 "사람의 원수가 자기 집안 식구리라"(마 10:36)고 했는데 하나님께도 집안에서 원수와 적수가 있었습니다.

하나님의 집안은 '천국'입니다. 그곳에서 천사장 루시엘이 하나님을 반역하다가 쫓겨났는데 천사 삼분의 일이 동조했던 것입니다.

쫓겨난 루시엘은 '루시퍼'와 '마귀와 사탄'으로 이름이 바뀌었습니다. 마귀는 하나님의 원수일 뿐만 아니라 우리의 원수이기도 합니다. 성경은 "너희 원수 마귀"라고 했습니다. 예수님도 제자들에게 "가라지를 뿌린 원수는 마귀다"(마 13:39)라고 말씀하셨습니다.

마귀는 원수이고 쫓겨난 천사 삼분의 일은 적수입니다.

예수님은 원수 마귀를 대적하셨고 적수 귀신들을 쫓아내셨습니다. 예수님의 원수는 우리의 원수이므로 대적해야 하고 예수님의 적수는 우리의 적수이므로 쫓아내야 합니다. "근신하라 깨어라, 너희 대적 마귀가 우는 사자 같이 두루 다니며 삼킬 자를 찾나니 너희는 믿음을 굳건하게 하여 그를 대적하라. 이는 세상에 있는 너희 형제들도 동일한 고난을 당하는 줄을 앎이라."(벧전 5:8~9)

사도 바울은 하나님의 종인 자신을 대적하는 마귀의 자식들에게 쩔쩔 매거나 눈치 보지 않았고 단호하게 꾸짖습니다. "이르되 모든 거짓과 악행이 가득한 자요 마귀의 자식이요 모든 의의 원수여, 주의 바른 길을 굽게 하기를 그치지 아니하겠느냐?"(행 13:10)

오늘날 원수 마귀와 적수 귀신들은 사람을 통해 역사하므로 모든 사람에게 잘 보여야 한다는 생각을 버려야 합니다. 어떤 사람의 말과 생각을 성령님과 함께 분별하고 마귀의 것이면 대적해야 합니다.

사라에게는 하갈이 적수였고 한나에게는 브닌나가 적수였습니다. "그의 적수인 브닌나가 그를 심히 격분하게 하여 괴롭게 하더라."(삼상 1:6) 그들은 하나님의 도우심으로 적수를 다스렸습니다.

당신도 원수를 대적하고 적수를 다스리십시오.

예수 이름으로 귀신을 쫓아내라

적수를 어떻게 다스려야 할까요?

적수는 큰 소리를 내지만 잠잠하게 하고 쫓아내야 합니다.

오늘 아침, 잠에서 깨어 보니 친구에게서 카톡이 와 있었습니다.

며칠 전에 나랑 통화하고 나서 다시 교회를 다니기로 결심했다는 것입니다. 난 너무 기뻤습니다. 정말 감사한 일입니다.

그 친구는 초등학교를 다닐 때 나를 전도해서 교회에 데려갔습니다. 그때 내가 처음으로 교회를 가게 된 것입니다. 그 후에 나는 가끔씩 교회를 다니며 청소년기의 공허함과 인생무상을 달랬습니다.

왠지 교회가 아닌 다른 곳에 가면 내가 하나님을 배신하는 죄를 짓는 것 같은 마음이 들었습니다. 그렇게 하나님을 막연하게 믿으면서도 힘들 때면 교회를 찾아가곤 했습니다. 그렇다고 하나님을 안 것은 아닙니다. 그러다가 스무 살 5월에 극적으로 예수님을 영접하고 하나님을 진정으로 믿게 되었습니다. 그분이 나의 친 아버지가 되시고 내 인생의 주인이심을 확신하게 되었습니다. 그리고 내 인생은 주님과 동행하며 날마다 새로운 삶을 살게 되었습니다.

나는 하나님의 말씀을 통해 계속 성장해 왔습니다. 그러나 그 친구는 무슨 이유에선지 한동안 신앙생활을 중단했었습니다. 나는 그 친구 속에 하나님이 계심을 확신했고 그를 만나 천국 복음을 전했습니다. 그 친구는 늘 하나님을 그리워했습니다. 가끔씩이라도 교회에 가면 말할 수 없이 마음이 평온해진다고 했습니다.

오랜만에 만나 이런저런 이야기를 하는 중에 "아는 사람이 귀신들렸는데 목사님이 와서 쫓아 내줬어. 그러자 식구들이 모두 교회에 나가기 시작했어. 정말 신기해"라고 말했습니다. 나는 그건 신기한 게 아니라 당연한 일이라며 자세히 설명해 주었습니다.

"예수님이 오셔서 천국 복음을 전하자 귀신이 가만있지 못하고 소리를 지르며 정체를 드러냈어. 예수님은 회당과 거리에서 귀신을 쫓아내고 병든 사람을 치료하는 일을 계속하셨어. 그래서 오늘날도 예수 믿는 사람이 복음을 전하면 귀신들이 괴로워서 정체를 드러내. 그러면 그 귀신을 예수 이름으로 꾸짖으며 쫓아내면 되는 거야."

그 친구가 궁금한 것이 하나 있다며 내게 물었습니다.

"그 사람이 '내가 너 아버지다'라고 말 하더래. 그건 죽은 아버지의 영혼이 빙의된 거야?"

"아니야, 사람이 죽으면 그 영혼이 이 세상을 떠나고 남아 있지 않아. 예수 믿지 않으면 음부 곧 지옥에 가고, 예수 믿는 사람은 낙원 곧 천국에 가. 지금 세상에서 역사하는 악한 영들은 찬양을 담당하는 천사장인 루시퍼가 하나님을 대적하고 천국에서 쫓겨날 때 함께 쫓겨난 천사 삼분의 일이야. 그 타락한 악한 영들이 사람 몸에 붙어서 괴롭히는 거야. 그러다 그 사람이 죽으면 또 다른 몸을 통해 자기를 표현해야 하니까 그 죽은 사람 주변의 약한 사람에게 들어가는 경우가 많아. 그래서 그렇게 가족 이름을 들먹이며 말하는 거야."

"아, 그렇구나. 알았어. 신학 강의를 들은 거 같아, 하하하."

나는 그 친구에게 은혜의 복음을 전했습니다.

"지금도 하나님은 너를 많이 사랑하셔. 네가 힘들고 마음이 무거울 때면 언제든지 하나님을 부르고 의지해. 그리고 주일에는 꼭 교회에 나가서 하나님께 예배해. 하나님은 너의 친 아버지이고 가장 좋은 친구가 되셔. 사람이 아닌 하나님께 너의 마음을 쏟아. 하나님은 언제나 너의 짐을 대신 져 주시고 너의 마음을 받으셔. 하나님은 너에게 뭔가를 바라시는 것이 없어. 그저 너를 잠잠히 사랑하시고 네가 늘 하나님을 믿고 의지하길 바라실 뿐이야."

그리고 며칠이 지난 오늘 나에게 카톡이 온 것입니다.

성령님이 친구에게 깨닫는 지혜를 주시고 그의 지친 마음을 어루만져 주셔서 한없이 감사할 뿐입니다.

당신도 귀신에 대해 올바른 지식을 갖고 있어야 합니다.

귀신은 결코 죽은 자의 영혼이 아닙니다. 귀신은 악한 영들인데, 하늘에서 마귀와 함께 쫓겨난 타락한 천사 삼분의 일입니다.

"그 꼬리가 하늘의 별 삼분의 일을 끌어다가 땅에 던지더라. 하늘에 전쟁이 있으니 미가엘과 그의 사자들이 용과 더불어 싸울 새 용과 그의 사자들도 싸우나 이기지 못하여 다시 하늘에서 그들이 있을 곳을 얻지 못한지라. 큰 용이 내쫓기니 옛 뱀 곧 마귀라고도 하고 사탄이라고도 하며 온 천하를 꾀는 자라. 그가 땅으로 내쫓기니 그의 사자들도 그와 함께 내쫓기니라."(계 12:4, 7~9)

우리는 귀신을 어떻게 다루어야 할까요?

첫째, 예수님은 귀신을 적극적으로 쫓아내셨습니다. "이르시되 너희는 가서 저 여우에게 이르되 오늘과 내일은 내가 귀신을 쫓아내며 병을 고치다가 제 삼일에는 완전하여지리라 하라."(눅 13:32)

둘째, 예수님이 질병의 귀신을 쫓아내자 불치의 병이 그 자리에서 나았습니다. "예수께서 한 말 못하게 하는 귀신을 쫓아내시니 귀신이 나가매 말 못하는 사람이 말하는지라."(눅 11:14)

셋째, 예수님은 하나님의 성령을 힘입어 귀신을 쫓아내셨습니다. "그러나 내가 하나님의 성령을 힘입어 귀신을 쫓아내는 것이면 하나님의 나라가 이미 너희에게 임하였느니라."(마 12:28)

넷째, 예수님은 제자들에게 더러운 귀신을 쫓아내며 모든 병과 모든 약한 것을 고치는 권능을 주셨습니다. 당신도 그런 권능을 받았습니다. "예수께서 그의 열두 제자를 부르사 더러운 귀신을 쫓아내며 모든 병과 모든 약한 것을 고치는 권능을 주시니라."(마 10:1)

다섯째, 제자들은 천국 복음을 전하며 많은 귀신을 쫓아내며 병을 고쳤습니다. "제자들이 나가서 회개하라 전파하고 많은 귀신을 쫓아내며 많은 병자에게 기름을 발라 고치더라."(막 6:12~13)

여섯째, 귀신을 쫓는 것은 믿는 모든 사람에게 따르는 당연한 표적입니다. "믿는 자들에게는 이런 표적이 따르리니 곧 그들이 내 이름으로 귀신을 쫓아내며 새 방언을 말하며……"(막 16:17)

일곱째, 귀신을 쫓는 권능은 하루에 7시간씩 기도하거나 40일 금식해서 받는 것이 아닌 '거저 받는 것' 곧 은혜로 받는 것입니다. "병든 자를 고치며 죽은 자를 살리며 나병환자를 깨끗하게 하며 귀신을 쫓아내되 너희가 거저 받았으니 거저 주라."(마 10:8)

당신도 예수 이름을 전하며 귀신을 쫓아내기 바랍니다.

귀신들이 당신에게 항복할 것입니다.

나는 억만장자 믿음으로 꿈을 이뤘다

나는 매일 억만장자 마인드로 산다

당신은 가장 큰 복을 받았습니까?

나는 세상에서 가장 큰 복을 받았습니다. 그 복은 무엇일까요?

만물을 창조하신 하나님을 만난 것이고 예수님을 구주로 믿어 모
든 죄를 사함 받아 하나님의 자녀가 된 것입니다. 그리고 예수님의
영이신 성령님께서 내 안에 실제로 살아 계시며 성령님과 대화하고
교제하며 성령님의 음성에 순종하며 사는 것입니다.

나는 하나님을 만나므로 가장 큰 복을 받았습니다.

하나님이 내 인생에 있어 가장 큰 복입니다.

나는 하나님을 알지 못했을 때 밑바닥 인생 곧 비참하고 어둡고

불행한 인생이었는데 하나님 덕분에 아름답고 빛나고 행복한 최고의 인생이 되었습니다. 날마다 기적을 경험하는 기적 같은 인생이 되었습니다. 당신도 하나님을 만나면 그렇게 될 것입니다.

며칠 전에 성령님과 가족과 함께 여행을 다녀왔습니다.

그곳에서 국화꽃 축제를 했는데 국화꽃이 너무 예쁘고 아름다웠습니다. 성령님께서 국화꽃을 선물로 보여주시며 말씀하셨습니다.

"너와 함께 해서 참 좋다."

나는 기뻐 뛰었습니다. 그리고 주님께 말씀드렸습니다.

"저도 주님과 함께 해서 참 좋아요. 아름다우신 주님을 찬양합니다. 저에게 아름다운 꽃을 주셔서 감사합니다."

아름다우신 주님 덕분에 내 인생도 꽃처럼 아름답게 활짝 피었습니다. 행복한 여행을 하고 집으로 돌아오는 길에 김열방 목사님께 공동 저자에 등록하면 좋겠다고 문자로 연락이 왔습니다.

"새 책 <그래도 너는 억만장자다>에 오늘 등록 부탁합니다."

그리고 책 표지를 보내 주셨는데 책 제목도 멋지고 책 표지도 화려하고 멋지고 마음에 쏙 들었습니다. 나는 성령님께 여쭈었습니다.

"성령님, 어떻게 할까요?"

성령님께서 내게 말씀하셨습니다.

"너는 억만장자다. 부요 믿음으로 행하면 다 채워 줄게."

나는 대답했습니다.

"네, 저는 행복한 억만장자입니다. 귀한 복음을 전하는데 저를 사용해 주셔서 억만 번 감사합니다. 억만 번 행복합니다."

나는 즉시 성령님의 음성에 순종하여 공동 저자에 등록했습니다.

성령님의 음성에 순종하니 필요한 등록비를 다 채워 주셨습니다.

내 인생은 아주 단순합니다. 날마다 억만장자 마인드로 삽니다.

"성령님께서 말씀하시면 그냥 순종한다. 성령님의 음성으로 시작해서 음성으로 끝난다. 믿음으로 시작해서 믿음으로 끝난다."

나는 이렇게 주님의 복음을 전하는 통로가 되어 온전한 복음을 전할 수 있어 억만 번이나 감사하고 행복합니다. 내가 책을 쓰는 목적은 분명합니다. 복음을 전해 영혼을 구원하는 것입니다. 세상에서 가장 가치 있고 크고 귀한 일은 영혼을 구원하는 일입니다.

당신도 예수님을 믿고 있다면 이미 구원 받았습니다. 천국에 넉넉히 들어갑니다. 성령님께서 '의성건부지평생'의 천국의 선물 세트를 갖고 당신 안에 가득히 들어와 실제로 살아 숨 쉬고 계십니다.

당신은 더 이상 부족하지 않고 목마르지 않습니다.

성령님께서 당신과 함께 계시니 당신의 잔이 넘칩니다.

당신 안에 성령님의 의가 넘칩니다.

당신 안에 성령님의 권능과 기름 부음이 넘칩니다.

당신 안에 성령님의 건강이 넘칩니다.

당신 안에 성령님의 부요가 넘칩니다.

당신 안에 성령님의 지혜가 넘칩니다.

당신 안에 성령님의 평화가 넘칩니다.

당신 안에 성령님의 생명이 넘칩니다.

그러므로 이렇게 믿고 말하십시오.

"그리스도 안에서 나는 의인이다."

"그리스도 안에서 나는 성령 충만하다."

"그리스도 안에서 나는 건강하다."

"그리스도 안에서 나는 부요하다."

"그리스도 안에서 나는 지혜롭다."

"그리스도 안에서 나는 평화를 가졌다."

"그리스도 안에서 나는 생명을 가졌다."

"내 잔이 넘친다."

당신이 아직 예수님을 믿지 않는다면 지금 입을 열어 고백하십시오. "나는 예수님을 구주로 믿습니다. 아멘."

"주 예수를 믿으라. 그리하면
너와 네 집이 구원을 얻으리라."(행 16:31)

"누구든지 주의 이름을 부르는 자는
구원을 받으리라."(롬 10:13)

"주는 그리스도시요
살아 계신 하나님의 아들이시니이다."(마 16:16)

당신이 예수님을 구주로 믿는 순간 모든 죄를 사함 받아 성령으로 거듭나 하나님의 자녀가 되었습니다. 예수님의 영이신 성령님께서 당신 안에 가득히 들어와 계십니다. 지금 당신 안에 성령님이 실제로 살아 계십니다. 입을 열어 성령님을 부르십시오.

"성령님, 사랑합니다."
"성령님, 감사합니다."
"성령님, 행복합니다."

당신 안에 살아 계신 예수님을 모신 당신은 이미 가장 큰 복을 받은 행복한 사람입니다. 예수님이 당신의 가장 큰 복입니다.

이 내용을 구체적으로 하나씩 알아보겠습니다.

첫째, 세상에서 가장 큰 복은 주님과 주님의 음성입니다.

세상에서 가장 큰 목소리는 주님의 목소리입니다. 나머지 목소리는 티끌처럼 작은 목소리입니다. 주님의 목소리에 귀를 기울이십시오. 주님께서 "너는 억만장자다"라고 하시면 당신은 억만장자입니다. 주님께서 "너는 천재다"라고 하시면 당신은 천재입니다.

주님의 음성은 크고 진실입니다. 사탄은 계속 거짓말로 속입니다. 현상을 바라보게 만들고 한 가지 부족한 것에 집중하게 만듭니다. "너는 부족해. 가난해. 어리석어"라고 거짓말로 속입니다. 그런 사탄의 거짓말에 속지 말고 예수 이름으로 대적해야 합니다.

"예수 이름으로 명하노니 사탄아, 물러가라."

"마귀를 대적하라. 그리하면 너희를 피하리라."(약 4:7)

예수 이름으로 명령하면 사탄 곧 마귀는 떠나갑니다.

주님의 음성만 믿기 바랍니다. 주님의 음성을 가장 크게 여기기 바랍니다. 현상과 사람의 목소리는 다 티끌과 먼지처럼 사라지고 지나가는 것입니다. 주님께서 "내가 다 채워 줄게"라고 말씀하셨으면 정말 다 채워 주십니다. 억만 번이나 채우시는 주님을 믿기 바랍니다. 당신이 꿈꾸고 소원하는 것에 대한 모든 비용은, 그것이 아무리 크고 많다 할지라도 주님께서 다 채우십니다.

"나의 하나님이 그리스도 예수 안에서 영광 가운데 그 풍성한 대로 너희 모든 쓸 것을 채우시리라."(빌 4:19)

주님이 당신의 영원한 공급자, 영원한 도움이 되십니다.

"여호와를 경외하는 자들아, 너희는 여호와를 의지하여라.
그는 너희의 도움이시요 너희의 방패시로다."(시 115:11)

둘째, 전도자로 오신 성령님과 함께 전도하는 일에 적극 동참하십시오. 그러면 성령님께서 당신에게 필요한 때에 필요한 지혜를 주시고 필요한 돈을 주시고 필요한 시간을 주십니다. 성령님께서 다 하시고 다 채우십니다. 당신이 성령님의 음성에 순종하며 믿음의 발걸음을 내딛으면 기적이 일어납니다. 믿고 순종하면 길이 열립니다.

당신도 복음을 담은 책을 써서 전도하십시오. 책은 전국과 세계를 다니며 당신 대신 복음을 전합니다. 책 선교사를 파송하십시오.

"책에 써서 후세에 영원히 있게 하라."(사 30:8)

성령님께서 당신 안에 실제로 살아 계십니다.

성령님의 음성을 듣고 순종하며 사는 당신은 가장 큰 복을 받은 사람이며 억만 번이나 행복하고 부요한 사람입니다. 그러므로 "나는 억만장자다"라고 믿고 말하며 항상 부요 믿음으로 사십시오.

"여호와를 경외하며
그의 길을 걷는 자마다 복이 있도다."(시 128:1)

나의 가장 큰 재산은 내 안에 계신 예수님이다

당신의 가장 큰 재산은 무엇입니까?

나의 가장 큰 재산은 내 안에 살아 계신 예수님입니다.

나는 예수님 덕분에 모든 죄를 사함 받고 성령으로 거듭나 하나님의 자녀가 되었습니다. 모든 저주에서 구원받았습니다. 예수님께서 나에게 '의성건부지평생'의 일곱 가지 복을 더해 주셨습니다.

예수님은 내게 행복과 자유를 주셨습니다. 나를 구원해 주신 분은 예수님 밖에 없습니다. 나를 평생 지켜 주시고 인도해 주시고 모든 필요를 억만 번이나 채워 주시는 분도 예수님 밖에 없습니다.

예수님의 크신 은혜와 사랑에 영원히 감사합니다.

나는 늘 나와 함께 계시는 주님을 바라보며 이렇게 고백합니다.

"전능하신 나의 주님, 영원히 사랑합니다. 감사합니다. 행복합니다. 찬양합니다. 믿습니다. 의지합니다. 주님은 나의 목자이십니다. 주님이 나의 가장 큰 복이십니다. 주님은 나의 전부이십니다."

그러면 내 입에서는 찬양이 저절로 흘러나옵니다.

"예수 사랑해요. 나 주 앞에 엎드려, 경배와 찬양, 왕께 드리네. 할렐루야, 할렐루야, 할렐루야, 할렐루."

예수님 덕분에 내 인생은 날마다 천국같이 행복하고 감사와 기쁨이 넘칩니다. 정말 살맛나는 즐거운 인생입니다. 모든 것을 준다 해도 예수님과 바꿀 수 없습니다. 예수님은 나의 전부이십니다.

내게 있는 모든 것, 내 생명까지도 주님께서 주신 것입니다.

가족, 집, 차, 책, 지혜, 돈, 옷, 신발 등 모두 하나님의 선물입니다.

"여호와여, 이제 주는 우리 아버지시니이다.

우리는 진흙이요 주는 토기장이시니

우리는 다 주의 손으로 지으신 것이니이다."(사 64:8)

하나님은 우주의 재벌 총수이십니다.

하나님의 자녀가 된 나는 부자 아빠 하나님 덕분에 모든 것에 모든 것이 항상 넘치는 부요한 인생이 되었습니다. 항상 모든 것이 넘쳐서 고민이지 부족해서 고민한 적은 없습니다. 나는 말합니다.

"나는 행복한 억만장자다. 천지를 창조하신 하나님이 나의 아빠다. 하나님 아빠가 내 모든 쓸 것을 넘치게 채우신다."

"하나님이 능히 모든 은혜를 너희에게 넘치게 하시나니
이는 너희로 모든 일에 항상 모든 것이 넉넉하여
모든 착한 일을 넘치게 하게 하려 하심이라."(고후 9:8)

나는 지금까지 여러 권의 책을 썼는데 모두 기적입니다.

주님의 음성에 순종하여 믿음의 발걸음을 내딛으면 주님께서 필요한 돈과 지혜를 다 주셨습니다. 주님께서 다 하셨습니다.

주님께서 내게 말씀하셨습니다.

"너의 필요한 것을 다 채워 줄 테니 마음껏 꿈꿔라."

"자기 아들을 아끼지 아니하시고 우리 모든 사람을 위하여 내주신 이가 어찌 그 아들과 함께 모든 것을 우리에게 주시지 아니하겠느냐."(롬 8:32)

나는 부요하신 하나님을 바라보며 마음껏 꿈을 꿉니다.

그동안 수많은 꿈과 소원이 이루어졌지만 주님께서는 "은영아, 현실에 안주하지 말고 더 크고 많은 꿈과 소원을 가져라"고 말씀하셨습니다. 나는 지금까지 책을 열 권 넘게 썼고 앞으로도 100권의 책을 쓴다는 꿈이 있습니다. 주님께서 내게 말씀하셨습니다.

"네게 준 지혜와 돈이 마르지 않고 영원히 펑펑 넘친다. 의와 성령 충만, 건강과 부요, 지혜와 평화와 생명도 영원히 펑펑 넘친다."

"나를 믿는 자는 성경에 이름과 같이

그 배에서 생수의 강이 흘러나오리라."(요 7:38)

신기하게 계속 책을 써도 지혜가 모자라지 않고 닳지 않습니다. 더 크고 더 많은 지혜가 날마다 한강처럼 샘솟고 있습니다.

전능하신 나의 주님은 나로 하여금 더 많은 돈을 벌게 하시고 모든 쓸 것도 한강처럼 넘치게 채워 주십니다. 나는 갈수록 더 잘되고 더 지혜롭고 더 부요하고 더 멋진 인생이 되고 있습니다.

예수님을 만나 이렇게 행복하고 좋은데 예수님을 알지 못해 고통당하는 사람들, 진정한 행복을 모르는 사람들을 위해 오늘도 나는 주님의 손이 되어 책을 써서 전도하고 선교합니다. 모든 사람이 예수님을 만나 구원 받아 천국에 가고, 이 땅에서부터 천국을 누리며 주님과 동행하는 행복한 삶을 살도록 돕기 위해서입니다.

주님께서 나로 하여금 계속 책을 써서 전도하게 하셨습니다.

나는 주님의 통로입니다. 그래서 영혼 구원을 위해 복음을 전하는 것을 완전히 즐기며 억만 번이나 감사합니다. 나는 기도합니다.

"주님, 모든 영혼이 예수님을 믿고 구원 받아 한 사람도 빠짐없이 천국에 가게 하소서. 지옥에는 한 명도 가지 말게 하소서. 세상 모든 사람이 천국에 갔음. 감사합니다."

당신을 구원하신 분은 예수님 밖에 없습니다.

당신에게 행복과 자유를 더해 주신 분도 예수님 밖에 없습니다.

세상에서 예수님보다 귀한 것은 없습니다.

항상 예수님을 귀하게 여기기 바랍니다. 예수님을 바라보고 믿고 의지하며 예수님을 가장 사랑하기 바랍니다. 크신 하나님의 은혜에 감사하며 살기 바랍니다. 온 천하보다 귀한 영혼 구원을 위해 책을 쓰고 입을 열어 복음을 전하며 살기 바랍니다.

"우리가 이 보배를 질그릇에 가졌으니 이는 심히 큰 능력은 하나님께 있고 우리에게 있지 아니함을 알게 하려 함이라."(고후 4:7)

"내 평생에 선하심과 인자하심이 반드시 나를 따르리니 내가 여호와의 집에 영원히 살리로다."(시 23:6)

나는 평생 온전한 복음에 충성한다

당신은 날마다 행복하십니까?
나는 날마다 행복합니다. 날마다 감사합니다. 날마다 감격합니다. 날마다 설렙니다. 그 이유는 바로 내 안에 태양보다 더 큰 빛이신 주님이 실제로 살아 계시기 때문입니다. 주님으로 말미암아 나는 날마다 기뻐 뛰고 행복과 감사가 넘치는 삶을 살고 있습니다.
나는 오늘도 주님께 사랑을 고백했습니다.
"주님, 사랑합니다. 제 온 마음을 다해 사랑합니다."
그러자 주님은 내게 이렇게 말씀하셨습니다.
"나도 네가 있어 행복하단다."
이것보다 더 좋은 것이 있을까요? 무엇을 더 바라겠습니까?
주님의 사랑이 넘치는 달콤한 음성을 들으면 가슴이 설레고 마구

뜁니다. 하루 종일 기쁘고 감사하고 행복합니다.

며칠 전에 결혼기념일을 맞았습니다. 나는 깜빡 잊고 있었는데 남편이 기념일이라고 선물을 주고 가족 여행도 다녀왔습니다. 또 집에서 맛있는 요리를 해서 파티도 했습니다. 지금까지 모든 것을 챙겨주신 성령님과 매년 기념일을 챙겨 준 남편에게 감사했습니다.

나는 행복한 마음으로 기도했습니다.

"와, 주님, 모든 것을 챙겨 주셔서 감사합니다."

주님은 깜짝 이벤트를 좋아하십니다. 주님의 깜짝 선물에 내가 기뻐 뛰고 좋아하면 주님께서 더 좋아하시고 더 챙겨 주십니다. 주님은 어제도 주시고 오늘도 주시고 내일도 주시고 계속 주십니다.

주님은 내게 말씀하십니다.

"내가 계속 줄 테니 너는 받기만 해."

나는 주님의 말씀에 기뻤습니다.

"와, 억만 번 감사합니다. 억만 번 행복합니다. 억만 번 좋습니다. 억만 번 기대됩니다."

주님이 아니었다면 지금 이렇게 행복할 수 없었을 것입니다. 주님의 크신 은혜에 억만 번이나 감사합니다. 주님께서 베푸신 은혜가 너무 크고 감사해 모든 사람에게 귀한 복음을 전해서 천국같이 살다가 천국으로 갈 수 있게 도와줘야겠다는 마음만 간절합니다.

복음은 무엇입니까? "예수님이 인간의 모든 죄와 저주를 짊어지고 죽으셨다. 그리고 부활하신 예수님이 우리 안에 살아 계신다"는 것입니다. 예수님께서 죄, 목마름, 병, 가난, 어리석음, 징계, 죽음을 짊어지고 죽으셨기 때문에 우리는 의, 성령 충만, 건강, 부요, 지혜,

평화, 생명을 넘치게 얻게 되었습니다.

의성건부지평생이 되시는 주님께서 우리 안에 살아 계십니다.

첫째, 당신은 의인이 되었습니다.

예수님께서 당신의 모든 죄를 짊어지고 죽으셨으니 당신은 의인입니다. 예수님을 믿음으로 말미암아 의로워집니다. 당신은 예수님의 피로 모든 죄를 씻음 받고 의인이 되었습니다. 사탄이나 귀신은 우리의 죄를 찾을 수 없습니다. "너는 죄인이야"라는 사탄의 거짓말에 속지 마십시오. 어느 누구도 결코 당신을 정죄할 수 없습니다.

"그리스도 예수 안에 있는 자에게는 결코 정죄함이 없나니 이는 그리스도 예수 안에 있는 생명의 성령의 법이 죄와 사망의 법에서 너를 해방하였음이라."(롬 8:1~2)

그러므로 "나는 의인이다. 하나님의 자녀다"라고 믿고 말하며 하나님의 자녀답게 항상 담대하고 당당하게 사십시오.

"복음에는 하나님의 의가 나타나서 믿음으로 믿음에 이르게 하나니 기록된바 오직 의인은 믿음으로 말미암아 살리라 함과 같으니라."(롬 1:17)

둘째, 당신은 성령 충만합니다.

예수님께서 당신의 목마름을 다 짊어지고 죽으셨으니 당신은 더 이상 목마르지 않고 생수의 강이 흘러넘칩니다. 예수님을 믿는 순간 성령님께서 당신 안에 가득히 들어와 계십니다. 당신은 느낌과 상관 없이 항상 성령 충만합니다. 성령의 기름 부음이 한강처럼 철철 흘러넘치고 있습니다. 오직 믿음으로 성령 충만해지며 저절로 성령 충만을 계속 공급받습니다. 이렇게 믿고 말하십시오.

"내 안에 성령의 기름 부음이 한강처럼 흘러넘친다. 내 안에 하나님이 가득히 계신다. 나는 성령 충만한 사람이다."

"나를 믿는 자는 성경에 이름과 같이 그 배에서 생수의 강이 흘러나오리라."(요 7:38)

셋째, 당신은 건강합니다.

예수님께서 당신의 질병과 연약함을 모두 짊어지고 죽으셨으니 당신은 다 나았고 건강하고 튼튼합니다. 이렇게 믿고 말하십시오.

"나는 다 나았다. 건강하다. 튼튼하다."

당신의 몸에 있는 세포 하나가 1원이라고 해도 100조 개가 넘으니 당신의 몸값만 100조 원이 훨씬 넘습니다. 그러므로 하나님의 성전인 당신의 소중한 몸을 잘 관리해야 합니다. 하나님께서 정하신 깨끗한 음식인 곡식, 채소, 과일, 소고기, 양고기, 가금류(닭, 오리), 생선을 먹고 잠을 푹 잘 자면 건강합니다. 잠은 최고의 보약입니다.

잠을 잘 자면 아픈 것도 회복되고 소화도 잘 되고 피부도 좋아지고 살도 빠져 날씬해집니다. 잠을 잘 때 몸이 많은 일을 합니다. 잠자는 시간을 아끼지 말고 8시간 정도 뚝 떼어 푹 자십시오.

세상에서 가장 행복하고 꿀맛 같은 시간은 잠자는 시간입니다.

또 중요한 것이 있습니다. 건강관리를 위해 음식도 절제하고 운동도 해야 하지만 체온을 유지하는 게 중요합니다. 체온이 1도 떨어지면 면역력도 떨어집니다. 365일 36.5도를 유지해야 합니다. 이것은 다른 사람이 해주는 것이 아니라 당신 스스로 해야 하는 것입니다.

당신의 체온을 지키고 소중한 몸을 잘 관리하기 바랍니다.

"이는 선지자 이사야를 통하여 하신 말씀에 우리의 연약한 것을 친히 담당하시고 병을 짊어지셨도다 함을 이루려 하심이더라."(마 8:17)

넷째, 당신은 부요합니다. 억만장자입니다.

예수님께서 당신의 모든 가난을 짊어지고 죽으셨으니 당신은 부요합니다. 부요하신 하나님께서 당신의 모든 쓸 것을 다 채우십니다. 지금까지 하나님께서 모든 필요를 넘치게 채워 주셨고 지금도 채워 주고 계시며 앞으로도 계속 채워 주실 것입니다. 하나님은 우주의 재벌 총수이십니다. 당신보다 억만 배나 부요하신 분이십니다.

그분의 공급 파이프는 무제한입니다. 그러니 "나는 억만장자다. 부요하다. 하나님이 내 아버지다"라고 믿고 말하며 궁상떨지 말고 부요 믿음으로 사십시오. 어떤 문제가 있어도 하나님께서 다 해결해 주시고 채워 주십니다. 시간이 지나면 다 해결됩니다.

날마다 기적이 일어납니다.

"우리 주 예수 그리스도의 은혜를 너희가 알거니와 부요하신 이로서 너희를 위하여 가난하게 되심은 그의 가난함으로 말미암아 너

희를 부요하게 하려 하심이라."(고후 8:9)

다섯째, 당신은 천재입니다. 하나님의 지혜가 가득합니다.

예수님께서 당신의 어리석음을 짊어지고 죽으셨으니 당신은 천재입니다. 천재 중에 천재이신 예수님이 당신 안에 살아 계십니다.

당신은 하나님의 지혜가 가득한 천재입니다. 주님께서 "너는 천재다. 지혜가 가득하다"라고 하시면 끝난 것입니다. 절대로 자신을 향해 바보라고 생각하거나 말하지 말고 현상과 상관없이 "나는 천재다. 지혜가 가득하다"라고 믿고 말하십시오. 그러면 자고 깨고 하는 중에 천재적인 지혜가 폭발적으로 나타나게 될 것입니다.

"이는 그가 모든 지혜와 총명을 우리에게 넘치게 하사."(엡 1:8)

"그의 위에 여호와의 영 곧 지혜와 총명의 영이요 모략과 재능의 영이요 지식과 여호와를 경외하는 영이 강림하시리니."(사 11:2)

여섯째, 당신은 평화를 가졌습니다.

예수님께서 당신 대신 저주와 징계를 짊어지고 죽으셨으니 당신은 절대로 저주와 징계를 받지 않습니다. 당신 안에 평강의 왕이신 예수님이 살아 계시며 초월적, 초자연적인 평강이 가득합니다. 당신 안에 살아 계신 예수님은 모든 것보다 억만 배나 크신 분이십니다.

하나님의 큰 꿈을 가슴에 품고 하나님의 음성을 따라 살며 하나님의 음성에 순종하면 평강이 옵니다. 그러나 하나님의 꿈, 언약, 음성을 버리면 혼란이 오고 흑암이 옵니다. 하나님은 꿈과 함께 일하십니다. 하나님은 꿈의 하나님이십니다. 당신이 하나님의 꿈을 버리면 구원에서 버림받지 않지만 하나님의 꿈에서 버림받습니다. 당신은 하나님의 꿈에서 버림받지 말고 하나님께 크게 쓰임 받기 바랍니다.

"그가 찔림은 우리의 허물 때문이요 그가 상함은 우리의 죄악 때문이라. 그가 징계를 받으므로 우리는 평화를 누리고 그가 채찍에 맞으므로 우리는 나음을 받았도다."(사 53:5)

"평안을 너희에게 끼치노니 곧 나의 평안을 너희에게 주노라. 내가 너희에게 주는 것은 세상이 주는 것과 같지 아니하니라. 너희는 마음에 근심하지도 말고 두려워하지도 말라."(요 14:27)

일곱째, 당신은 생명을 가졌습니다.
예수님께서 당신 대신 죽음을 짊어지고 죽으셨으니 당신은 생명이 가득합니다. 죽지 않고 천국에서 영원히 삽니다. 큰 생명, 새 생명, 영원한 생명 되신 예수님께서 당신 안에 살아 계십니다.

"진실로 진실로 너희에게 이르노니
믿는 자는 영생을 가졌나니."(요 6:47)

우리가 할 일은 죽은 영혼을 구원하는 것입니다. 이를 위해 전도자이신 성령님께서 오셨습니다. 영혼 구원이 가장 크고 가치 있는 일입니다. 당신도 영혼을 구원하는 전도자의 삶을 살기 바랍니다.

당신은 무엇에 충성하고 있습니까? 나는 예수님이 십자가에서 다 이루었다는 온전한 복음에 충성하고 있습니다. 믿음은 곧 충성입니다. 온전한 복음을 믿고 누리고 전하며, 충성하십시오.

"사람이 마땅히 우리를 그리스도의 일꾼이요 하나님의 비밀을 맡은 자로 여길지어다. 맡은 자들에게 구할 것은 충성이니라."(고전 4:1~2)

"오직 성령이 너희에게 임하시면 너희가 권능을 받고 예루살렘과 온 유대와 사마리아와 땅 끝까지 이르러 내 증인이 되리라 하시니라."(행 1:8)

믿음의 시력을 회복하라

당신은 은혜의 복음에 충성된 사람입니까?

충성이란 '국가나 임금, 윗사람 등을 위해 몸과 마음을 다함'이란 뜻입니다. 어느 조직이나 공동체, 교회에서 가장 필요하고 지혜롭고 귀한 사람은 충성된 사람입니다. 성경에 나온 모든 인물들은 한 가지 공통점이 있는데 바로 충성입니다. 하나님께 충성된 사람, 은혜의 복음을 전하는데 목숨 건 사람을 하나님께서 세우셨습니다.

"나를 능하게 하신 그리스도 예수 우리 주께 내가 감사함은 나를 충성되이 여겨 내게 직분을 맡기심이니."(딤전 1:12)

하나님은 복음에 충성된 사람에게 기름 부어 세우십니다.

큰 기적을 행한 것이 없어도 하나님께서 맡기신 직분에 충성된 사람을 하나님께서 "너는 나에게 충성된 사람이다. 가장 큰 선지자다." 라고 인정하십니다. 당신도 복음에 충성된 사람이 되십시오.

하나님께서 내게 꿈을 주시며 말씀하셨습니다.

"온 천하에 다니며 만민에게 복음을 전파하라."(막 16:15)

"내가 너로 큰 민족을 이루고 네게 복을 주어 네 이름을 창대하게 하리니 너는 복이 될지라. 너를 축복하는 자에게는 내가 복을 내리고 너를 저주하는 자에게는 내가 저주하리니 땅의 모든 족속이 너로 말미암아 복을 얻을 것이라 하신지라."(창 12:2~3)

하나님은 꿈의 하나님이시며 꿈을 주시고 꿈을 이루어 주십니다.

하나님은 꿈과 함께 일하십니다. 큰 꿈을 꾸십시오.

"하나님이 말씀하시기를 말세에 내가 내 영을 모든 육체에 부어 주리니 너희의 자녀들은 예언할 것이요. 너희의 젊은이들은 환상을 보고 너희의 늙은이들은 꿈을 꾸리라."(행 2:17)

어느 주일 예배 시간에 김열방 목사님께서 모든 성도들에게 앞으로 나와 기도하고 안수를 받으라고 말씀하셨습니다. 그때 주님께서 목사님을 통해 내 머리에 손을 얹고 말씀하셨습니다.

"내가 네게 믿음을 주었노라. 내가 네게 기름 부었노라. 너는 내가 기뻐하는 종이라. 민족들 앞에서 말씀을 전하게 되리라."

나는 주님의 음성을 듣고 "아멘" 했습니다.

그리고 주님께 말씀드렸습니다.

"주님, 큰 믿음을 주셔서 감사합니다. 기름 부어 주셔서 감사합니다. 기뻐하는 종이라 말씀하시니 감사합니다. 민족들 앞에서 말씀을 전하게 하시니 감사합니다."

주님께서 성경 말씀을 통해 내게 말씀하셨습니다.

"네 평생에 너를 능히 대적할 자가 없으리니 내가 모세와 함께 있었던 것 같이 너와 함께 있을 것임이니라. 내가 너를 떠나지 아니하며 버리지 아니하리니 강하고 담대하라. 너는 내가 그들의 조상에게 맹세하여 그들에게 주리라 한 땅을 이 백성에게 차지하게 하리라." (수 1:5~6)

"두려워하지 말라. 내가 너와 함께 함이라. 놀라지 말라. 나는 네 하나님이 됨이라. 내가 너를 굳세게 하리라. 참으로 너를 도와주리라. 참으로 나의 의로운 오른손으로 너를 붙들리라."(사 41:10)

나는 하나님께서 주신 꿈이 너무 크고 허황되고 멀리 보여 부담이 되었습니다. 지금까지 수많은 크고 작은 꿈과 소원이 이루어져 행복하고 감사한데 큰 꿈을 갖고 있으니 빨리 안 이루어져 짐이 되어 큰 꿈을 잊은 적이 있습니다. 그런 내게 주님께서 말씀하셨습니다.

"너를 통해 수많은 영혼이 구원 받게 하려고 너를 불렀다. 꿈을 버리면 내가 네 인생을 흔들겠다. 꿈이 이루어졌다고 믿어라."

"여호와께서 모세에게 이르시되 여호와의 손이 짧으냐. 네가 이제 내 말이 네게 응하는 여부를 보리라."(민 11:23)

하나님의 큰 꿈을 버리면 평안하고 행복할 줄 알았는데 오히려 혼란이 오고 흑암이 왔습니다. 하나님의 꿈, 언약, 말씀을 믿지 않으니 하나님께서 사건, 사람, 귀신, 막대기를 통해 소리치셨습니다.

주님의 말씀, 언약, 꿈이 끝까지 나를 따라오고 추격했습니다.

하나님께서 내게 말씀하셨습니다.

"큰 꿈을 버리지 마라. 뒤로 물러가지 마라. 앞으로만 나아가라. 전 세계를 다니며 만민에게 복음을 전파하라."

주님은 내게 완전한 믿음, 완전한 순종을 원하셨습니다.

나는 다시 하나님의 큰 꿈을 찾았고 주님을 완전히 믿고 온전히 따르고 있습니다. 주님께서 말씀하셨습니다.

"여호와께서 이르시기를 내가 나를 가리켜 맹세하노니 네가 이같이 행하여 네 아들 네 독자도 아끼지 아니하였은즉 내가 네게 큰 복을 주고 네 씨가 크게 번성하여 하늘의 별과 같고 바닷가의 모래와 같게 하리니 네 씨가 그 대적의 성문을 차지하리라. 또 네 씨로 말미암아 천하 만민이 복을 받으리니 이는 네가 나의 말을 준행하였음이니라."(창 22:16~18)

나는 믿음의 기도를 했습니다.

"평생 복음에 충성된 사람이 되었음. 감사합니다."

그리고 주님께서 말씀하셨습니다.

"복음을 전파하는 것이 아니면, 잡다하고 사소한 일에 기웃거리지 마라. 네 취미가 기도하고 말씀을 전하는 것이 되게 하라."

내게는 복음을 누리고 전하는 일이 가장 귀하고 행복합니다.

"내가 달려갈 길과 주 예수께 받은 사명 곧 하나님의 은혜의 복음을 증언하는 일을 마치려 함에는 나의 생명조차 조금도 귀한 것으로 여기지 아니하노라."(행 20:24)

조바심을 갖지 마십시오. 다 하나님의 때가 있습니다.

하나님께서는 당신을 하나님의 권위 아래에 두십니다. 그리고 주의 종을 통해 말씀하십니다. 그때 순종해야 합니다. 모세의 수종을 들었던 후계자 여호수아는 하나님의 음성을 직접 듣지 못하고 모세를 통해 듣고 순종했습니다. 여호수아는 모세가 죽을 때까지 계속 순종했습니다. 우리가 때론 잠깐 고난을 겪을 때가 있습니다.

주님은 우리가 강해지길 원하십니다.

"강하고 담대하라. 내가 너와 함께 하리라."(신 31:23)

하나님은 우리가 어떤 일이 있어도 요동하지 않고 죽도록 충성하길 원하십니다. 당신도 어떤 일이 있어도 요동하지 말고 죽도록 충성하기 바랍니다. 강철 같은 심지가 되시는 예수님께서 당신과 함께 계시니 당신은 영원히 흔들리지 않고 넘어지지 않습니다.

하나님께서 우리가 믿음의 시력으로 살기를 원하십니다.

우리의 믿음의 시력이 왼쪽 눈은 2.17이고 오른쪽 눈은 2.25입니다. 왼쪽 시력인 2.17은 사도행전 2장 17절을 말합니다.

"하나님이 말씀하시기를 말세에 내가 내 영을 모든 육체에 부어 주리니 너희의 자녀들은 예언할 것이요. 너희의 젊은이들은 환상을 보고 너희의 늙은이들은 꿈을 꾸리라."(행 2:17)

오른쪽 시력인 2.25는 사도행전 2장 25절을 말합니다.

"내가 항상 내 앞에 계신 주를 뵈었음이여, 나로 요동하지 않게 하기 위하여 그가 내 우편에 계시도다.(행 2:25)

우리의 왼쪽 눈으로 믿음의 꿈, 환상, 예언을 바라보고 오른쪽 눈으로 내 앞에 계신 주님을 항상 바라보는 것입니다. 하나님의 뜻은 우리가 하나님께서 주신 큰 꿈을 가지고 주님을 바라보며 주님의 음성에 순종하는 것입니다. 그러면 평강이 오고 복이 임합니다.

하나님의 꿈을 잃어버렸습니까? 다시 그 큰 꿈을 찾으십시오. 과거에 연연하거나 그리워하지 말고 뒤로 물러가지 말고 앞으로만 나아가십시오. 처음부터 끝까지 믿음으로 살고 복음에 충성하십시오.

"네가 죽도록 충성하라. 그리하면 내가
생명의 관을 네게 주리라."(계 2:10)

세상에 안 되는 건 없다. 다 된다

당신은 매일 즐기는 취미가 무엇입니까?

나는 주님과 교제하며 자연 만물을 누리고 산책하는 일, 기도하고 말씀을 전하고 책을 쓰는 일이 내 취미입니다. 기도는 영혼의 호흡인데 주님이 항상 나와 함께 계시니 일상생활이 모두 기도입니다.

성령님께서 내게 "기도하자"라고 말씀하시면 나는 하던 일을 멈추고 기도하기 시작합니다. 시간 채우기 기도가 아닌 성령님의 이끌림을 따라 기도합니다. 나는 기도할 때 성령님께 도움을 구합니다.

"성령님, 기도를 인도해 주세요. 도와주세요."

방언을 받은 후로는 방언으로 기도합니다. 방언 기도는 머리로 생각하지 않고 혀만 맡기면 됩니다. 성령님께서 내 대신 기도해 주시니 아무 짐이 안 됩니다. 주님과 영으로 기도하는 시간이 마냥 행복하고 감사할 뿐입니다. 방언을 말하면 곤비함이 사라지고 안식을 누리며 상쾌함이 있습니다. 당신도 방언을 많이 말하십시오.

"이와 같이 성령도 우리의 연약함을 도우시나니 우리는 마땅히 기도할 바를 알지 못하나 오직 성령이 말할 수 없는 탄식으로 우리를 위하여 친히 간구하시느니라."(롬 8:26)

최근에 성령님께서 내게 "성경 구절을 암송하라"고 말씀하셨습니다. 나는 성구를 암송하기 시작했는데 처음에는 잘 안 외워졌습니다. 한마디 하다 막히고 돌아서면 잊고 또 잊기를 반복했습니다.

잘 안 외워지니 힘들어서 포기 상태였습니다.

그런 내게 성령님께서 말씀하셨습니다.

"안 되는 건 없다. 다 된다. 그래도 계속 시도해라."

"내게 능력 주시는 자 안에서
내가 모든 것을 할 수 있느니라."(빌 4:13)

나는 성령님께 도움을 구했고 믿음의 기도를 했습니다.

"성령님, 도와주세요. 성구 암송 잘했음. 감사합니다."

성령님께서 내게 말씀하셨습니다.

"너는 천재다. 암기를 잘한다. 암기를 못한다고 믿거나 말하지 말고 암기를 잘한다고 믿고 말하라. 너는 기억력이 좋다."

나는 한두 번 시도하고 암송이 잘 안되면 암기력이 안 좋다고 생각하며 포기했는데 그 음성을 들은 후로는 암기되는 현상과 상관없이 주님의 말씀만 믿기로 했습니다. 나는 중얼거렸습니다.

"나는 암기 천재다. 한 번만 봐도 잘 외운다."

자상하신 성령님께서 주일 예배 시간에 목사님의 설교 말씀을 통해 내게 구체적으로 코치해 주셨습니다. 김열방 목사님께서 설교 시간에 성구를 암송하는 방법을 자세히 알려 주셨습니다.

"지식은 하나님의 말씀입니다. 하나님의 말씀을 입술로 말할 때 힘을 얻습니다. 성구를 마음으로 중얼중얼 하고 또 입으로도 소리 내어 말해야 합니다. 그런데 입으로 말할 때 틀릴 때가 많습니다. 입으로 또박또박 말해야 확실하게 암송했는지 알 수 있습니다. 암송할 때 긴 것은 한마디씩 끊어서 암송하고 거기에 조금씩 덧붙여 끝까지 다 암송하면 됩니다. 한마디를 중얼거리며 암송하는데 10번, 100번이고 중얼거리면 내 마음에 자리를 잡고 툭 튀어나옵니다. 생각으로만 한 것은 암송이 안 된 것입니다. 머리로만 입력된 것입니다. 그런데 입으로 중얼거리며 계속 반복하면 자리를 잡고 입만 열면 툭 튀어나옵니다. 그러면 암송이 다 된 것입니다. 나는 개미처럼 매일 암송합니다. 쪽지에 적어서 보거나 핸드폰에 메모해서 수시로 보면서 암송합니다. 성경 구절을 중얼거리며 말씀이 입술에 있게 하세요. 성경에 보면 개미는 가장 작은 동물인데 지혜롭다고 했습니다. 개미는 본능을 따라 일합니다. 사람도 하나님께서 주신 본능인 습관을 따라 일해야 합니다. 성경 암송도 습관을 따라 개미처럼 해야 합니다. 기분과 상관없이 꾸준히 암송하십시오. 가장 무서운 사람은 어떤 일을 꾸준히 하는 사람 즉 성실한 사람입니다. 성경을 매일 한 구절씩 암송하세요. 그러면 1년을 알차게 보낼 수 있습니다. 일하면서, 아르바이트하면서, 아기 키우면서, 버스 안에서 매일 암송하는 습관을 들이면 1년이 지나면 300구절이 되고 10년이 지나면 3000구절이 됩니다. 모든 일이 지나갑니다. 결국 남는 게 무엇입니까? 가슴에 하나님의 말씀이 남게 해야 합니다. 매일 성구를 암송하면 한 구절 한 구절 말씀이 내 인생에 박힙니다. 처음엔 내가 성경을 암송하므로 한 구절씩 말씀을 정복하는 것 같지만 나중엔 암송한 말씀이 나를 정복합니다. 하나님의 말씀이 내 인생을 이끌어 갑니다."

나는 그동안 방법을 몰라서 못했던 것입니다. 방법을 알고 나서 해보니 성구를 암송하는 것이 쉬웠습니다. 방법을 알면 쉽습니다.

어느 날 성령님께서 내게 성경 말씀을 떠올려 주셨습니다.

"너는 마음을 다하여 여호와를 의뢰하고 네 명철을 의지하지 말라. 너는 범사에 그를 인정하라. 그리하면 네 길을 지도하시리라." (잠 3:5~6)

나는 하나님의 말씀을 입을 열어 중얼거리며 암송합니다.
핸드폰 메모장에 적고 보면서 말씀이 내 입에 있게 합니다.
핸드폰은 항상 휴대하기 때문에 핸드폰 메모장을 활용합니다.
당신 안에 천재 중에 천재이신 성령님이 실제로 살아 계십니다.
당신은 천재적인 기름 부음이 넘치는 사람입니다.
당신은 기억력이 좋고 머리도 좋습니다. 암기를 아주 잘합니다.
방법만 알면 쉽습니다. 세상에 안 되는 것은 없습니다. 다 됩니다.
무엇이든 포기하지 마십시오. 성령님이 도와주시면 쉽게 됩니다.

"복 있는 사람은 악인의 꾀를 좇지 아니하며 죄인의 길에 서지 아니하며 오만한 자의 자리에 앉지 아니하고 오직 여호와의 율법을 즐

거워하여 그 율법을 주야로 묵상하는 자로다.”(시 1:1~2)

기도하고 구한 것은 받았다고 믿고 의심하지 마라

당신은 무엇을 염려하십니까?

나는 아무것도 염려하지 않습니다. 염려는 우상 숭배이며 하나님을 믿지 않고 의지하지 않고 자기가 주인 행세하며 교만을 떠는 것입니다. 예전에 나는 내일 결제해야 할 돈 문제를 오늘 끌고 와서 미리 염려한 적이 있습니다. 그렇게 염려해도 10원 하나 들어오지 않았습니다. 그냥 하나님께 맡기니 하나님께서 1초도 늦지 않고 정확하게 다 채워 주셨습니다. 결국 다 해결되고 다 결제했습니다.

예수님은 내일 일은 ‘내일’에 맡기라고 하셨습니다.

“그러므로 내일 일을 위하여 염려하지 말라 내일 일은 내일이 염려할 것이요. 한 날의 괴로움은 그 날로 족하니라.”(마 6:34)

내일 일은 내일에 맡기면 됩니다.

염려라는 말은 ‘조바심, 조급함’입니다. 조바심을 내니 염려하게 됩니다. 하나님은 당신에게 그 모든 것이 있어야 할 줄 이미 다 알고 계십니다. 하나님은 지금도 쉬지 않고 일하고 계십니다. 하나님께 일할 시간을 드리면 하나님께서 정확하게 공급해 주십니다.

그러니 기다리는 동안 기도하고 구한 것은 받았다고 믿고 감사하며 행복하게 생활하면서 기다리면 됩니다.

"아무것도 염려하지 말고 오직 모든 일에 기도와 간구로, 너희 구할 것을 감사함으로 하나님께 아뢰라. 그리하면 모든 지각에서 뛰어난 하나님의 평강이 그리스도 예수 안에서 너희 마음과 생각을 지키시리라."(빌 4:6~7)

염려는 믿음이 필요한 게 아닙니다. 머리를 굴리는 것입니다.

잔머리를 굴리지 말고 하나님께서 어떻게든 다 채우신다는 완전한 믿음으로 살아야 합니다. "내 잔이 넘친다. 하나님께서 날마다 기적을 베푸신다. 하나님께서 어떻게든 해결하신다"고 믿으면 신기하게 기적이 일어나고 다 채워지고 해결됩니다. 그러니 아무것도 염려하지 마십시오. 염려를 주님 앞에 내려놓고 믿음으로 사십시오.

예수 이름으로 명령하여 염려를 떠나가게 하십시오.

"예수 이름으로 명하노니 염려는 떠나가라. 염려는 물러가라."

모든 일에 기도와 간구로 감사함으로 하나님께 아뢰기 바랍니다.

왜 감사합니까? 이미 받았다고 믿기 때문에 감사하는 것입니다.

하나님은 원망하고 애걸하는 것을 아주 싫어하십니다. 원망하면 다 빼앗기고 조금 성공한 것도 얼마 안 가 망합니다. 원망을 멈추고 감사하십시오. 한 번만 정확하게 구해도 하나님은 다 주십니다.

하나님은 믿음을 기뻐하시고 믿음에 응답하십니다.

하루는 예배 시간에 김열방 목사님께서 말씀하셨습니다.

"하나님은 어떤 일을 할 때 끝에서부터 하십니다. 끝에서부터 긍

휼과 자비를 베푸시고 또 심판도 끝에서부터 하십니다. 성경에 보면 예수님께서 사람을 치료하실 때 성전 미문에 가장 끝, 바깥에 있는 앉은뱅이부터 고치셨습니다. 하나님은 우리의 필요를 채우실 때도 끝에서부터 채우십니다. 꿈과 소원을 이루어 주실 때도 끝에서부터 시작하십니다. 우리가 염려한다고 머리털 하나 희게 할 수 없습니다. 하지만 하나님은 우리의 머리털을 다 세십니다. 머리카락의 번호를 매기고 다 세고 계십니다. 하나님은 세밀하고 정확하십니다. 우리에게 관심이 정말 많으십니다. 염려한다고 키를 한 자 더할 수 없지만, 기도하면 키가 한 자 더 커지고 옆구리 살이 빠지고 병이 낫고 구부러진 것이 펴집니다. 기도하면 살아 계신 하나님께서 역사하십니다. 염려하지 마세요. 기도하세요. 감사하세요. 믿으세요."

하나님이 하실 일을 당신이 하면 짐이 됩니다.

모든 짐을 주님께 맡기고 전능하신 하나님을 믿기 바랍니다.

어떻게 하면 염려하지 않고 믿음으로 살 수 있을까요?

첫째, 내일 일을 미리 끄집어내서 염려하지 마십시오.

내일 일은 내일에 맡기십시오. 내일은 하나님의 영역입니다.

내일, 한 시간 뒤, 1초 뒤의 상황을 우리는 알 수 없습니다.

"내일 일을 위하여 염려하지 말라. 내일 일은 내일이 염려할 것이요. 한 날의 괴로움은 그 날로 족하니라."(마 6:34)

하나님은 다 알고 계시며 당신이 구한 것을 정확히 주십니다.

"나의 하나님이 그리스도 예수 안에서 영광 가운데 그 풍성한 대로 너희 모든 쓸 것을 채우시리라."(빌 4:19)

둘째, 기도하고 구한 것은 받았다고 믿고 의심하지 마십시오.

받았다고 믿으니 감사할 수 있습니다. 받았다고 믿지 않으면 원망과 염려, 근심이 마구 쏟아집니다. 하나님은 믿음에만 응답하시며 믿음을 기뻐하십니다. 원망하고 염려하는 것은 믿음이 아닙니다.

하나님께 믿음의 반응을 하기 바랍니다.

당신이 기도하고 구한 것은 구하는 중에 즉시로 받았다고 믿으십시오. 조금도 의심하지 마십시오. 그러면 그대로 됩니다.

"무엇이든지 기도하고 구하는 것은 받은 줄로 믿으라.
그리하면 너희에게 그대로 되리라."(막 11:24)

"오직 믿음으로 구하고 조금도 의심하지 말라.
의심하는 자는 마치 바람에 밀려 요동하는 바다 물결 같으니
이런 사람은 무엇이든지 주께 얻기를 생각하지 말라."(약 1:6~7)

셋째, 기다림을 즐기십시오.

뭐가 그리 바쁘고 조바심을 냅니까? 바쁠 거 없습니다. 조바심 낼 거 없습니다. 여유를 가지십시오. 하나님은 다 아십니다. 하나님은 지금도 쉬지 않고 일하고 계십니다. 하나님께서 어떻게든 해결해 주시고 어떻게든 새로운 길을 내십니다. 아무것도 아닙니다. 서두르지

말고 주님을 믿고 기다림을 즐기기 바랍니다. 주님이 일하시는 것을 지켜보기 바랍니다. 주님을 앞세우기 바랍니다. 주님의 음성에 귀를 기울이기 바랍니다. 결국 주님이 다 하십니다.

넷째, 성령님을 의지하여 구하고 찾고 두드리십시오.

하나님의 응답은 사람을 통해 옵니다. 기도하고 구한 것은 받았다고 믿고 성령님을 의지하여 환경에서 찾고 사람에게 두드리십시오.

당신이 원하는 것은 멀리 있지 않고 당신 주위에 가까운 곳에 다 있습니다. 찾으면 있습니다. 찾았으면 거절을 두려워하지 말고 입을 열어 부탁하십시오. 그러면 원하는 것을 얻을 수 있습니다.

하나님은 당신이 구하기도 전에 있어야 할 줄 미리 아시고 다 준비해 두셨습니다. 부탁하면 얻습니다. 부탁하지 않으면 얻지 못합니다. 부탁하는데 게으른 사람은 원하는 것을 얻지 못합니다.

하나님께 기도로 부탁하고 환경에서 찾고 사람에게 부탁하면 원하는 것을 쉽게 얻습니다. 이것이 기도 응답의 비결입니다.

"구하라. 그리하면 너희에게 주실 것이요. 찾으라, 그리하면 찾아낼 것이요. 문을 두드리라, 그리하면 너희에게 열릴 것이니 구하는 이마다 받을 것이요. 찾는 이는 찾아낼 것이요. 두드리는 이에게는 열릴 것이니라."(마 7:7~8)

"게으른 자는 마음으로 원하여도 얻지 못하나
부지런한 자의 마음은 풍족함을 얻느니라."(잠 13:4)

염려에게 입 맞추지 말고 하나님께 입 맞추십시오.

염려는 발 아래로 집어던지고 돈, 사람, 귀신, 사건, 모든 문제보다 억만 배나 크신 주님께 입 맞추고 주님을 믿기 바랍니다.

"네 짐을 여호와께 맡겨 버리라. 너를 붙드시고
의인의 요동함을 영영히 허락지 아니하시리로다."(시 55:22)

모든 것을 편안하게 누리며 행복하게 살라

당신은 모든 것을 편안하게 누립니까?

나는 모든 것을 편안하게 누리며 행복하게 살고 있습니다.

예전에 나는 모든 것을 편안하게 누리면 안 되고 '내가 이 모든 것을 그냥 다 누려도 되나?'라고 생각한 적이 있습니다.

그런 내게 성령님께서 말씀하셨습니다.

"하나님의 자녀는 모든 좋은 것을 누리며 사는 것이 당연하다. 내가 다 준비해 놓았다. 편안하게 누려도 된다. 행복해도 된다."

"만물이 다 너희 것임이라."(고전 3:21)

나는 하나님의 자녀이기 때문에 하나님께서 예비하신 모든 좋은 것을 편안하게 누리며 행복하게 사는 것이 당연하다는 것을 깨달았고 지금 나는 모든 것을 편안하게 누리며 행복하게 살고 있습니다.

나는 그럴 자격이 있습니다. 나는 하나님께 날마다 감사합니다.

"하나님, 이 모든 것이 주님의 은혜이고 선물입니다. 억만 번이나 감사합니다. 정말 좋습니다. 한없이 행복합니다."

나는 새 집으로 이사 오면서 오래되고 못 쓰는 물건을 많이 버렸습니다. 하나님께서 텔레비전만 빼고 새 가구와 새 가전제품으로 모두 바꿔 주셨습니다. 장롱과 신발장에 숨어 있던 못 입고 오래된 옷과 신발과 가방도 버렸습니다. 그리고 나는 하나님께 구했습니다.

"하나님, 옷과 신발, 가방도 종류별로 새로 주세요."

어느 날 하나님께서 말씀하셨습니다.

"아직도 정리할게 있어. 찾아보면 있다. 옛 것에 집착하지 말고 졸업해라. 과감히 재활용 통에 넣어라. 그러면 새 것으로 채워 줄게."

나는 다 정리했다고 생각했는데 하나님께서 버려야 할 것이 더 있다고 말씀하셔서 찾아보았습니다. 찾아보니 있었습니다. 신발장에 자리만 차지하면서 안 신는 오래된 신발, 사이즈가 작은 신발 등 찾아보니 여러 켤레가 나왔습니다. 장롱에도 오래되고 안 입고 색이 변한 옷이 여러 벌 나왔습니다. 나는 주님의 음성에 순종하여 싹 정리했고 과감히 재활용 통에 넣었습니다. 주님께서 말씀하셨습니다.

"잘했다. 내가 새 것으로 바꿔 줄게. 더 좋은 것을 준비해 뒀어. 나는 빨리 네게 더 좋은 것을 주고 싶었는데 네가 옛 것에 집착하고 있으니 내가 주지 못하고 있었다."

옛 것을 버리고 나니 주님께서 내가 좋아할 만한 예쁘고 좋은 것을 준비해 두시고 하나씩 채워 주셨습니다. 당신이 아끼는 집과 차, 옷과 신발, 가방도 마감 기한이 있습니다. 마감 기한이 지났으면 미련을 버리고 졸업해야 합니다. 하나님은 더 크고 좋은 것을 주고 싶어 하시는데 "여기가 좋사오니, 이것이 좋사오니" 하면 안 됩니다.

더 좋은 것을 구하거나 얻기 위해 움직여야 합니다. 옛것에 집착하면서 움직이지 않고 가만히 앉아 있으면 하나님께서 준비하신 더 크고 좋은 것을 받아 누리지 못합니다. 주님은 말씀하셨습니다.

"무엇이든 구해라. 기도하고 구한 것은 받았다고 믿으라. 내가 다 줄게. 그리고 멈추지 말고 네게 준 행복을 마음껏 누려라."

나는 주님께서 내게 주신 선물들을 소중히 여기고 최대한 누리며 여러 가지 새로운 크고 작은 꿈과 소원을 목록에 적고 있습니다.

주님과 동행하며 믿음의 삶을 산 뒤로 주님께서 옛 것을 싹 졸업시켜 주셨습니다. 주님은 내게 "혈통, 육정, 사람의 뜻을 졸업하라"고 말씀하셨습니다. 혈통, 육정, 사람의 뜻이 성령님의 인도를 막기 때문입니다. 나는 오직 내 안에 살아 계신 주님의 음성만 듣고 순종하는 최고의 삶을 삽니다. 주님께서 내게 말씀하셨습니다.

"내가 너의 친구다. 내가 너를 많이 좋아하고 기뻐한다."

주님의 음성만으로도 내 잔이 넘칩니다. 주님만 계셔도 내 잔이 부족하지 않고 넘칩니다. 세상에서 가장 큰 복은 주님이시고 가장 큰 음성도 주님의 음성입니다. 오직 주님께 인정받으면 됩니다.

주님께서 내게 말씀하셨습니다.

"너는 사람들에게 기도해 주고 말씀을 전해 주라."

"우리는 오로지 기도하는 일과 말씀 사역에 힘쓰리라."(행 6:4)

나는 복음을 전하고 인생을 코치하기 위해 사람을 만납니다.

하나님께서 만나라고 하시면 만납니다. 하나님의 음성만 듣고 하나님의 음성에 순종하는 것이 진정한 성공이고 행복입니다.

하루는 주님께서 내게 "먹는 것을 초월하라"고 말씀하셨습니다.

나는 하나님이 성경에서 금하신 더러운 음식은 먹지 않습니다.

돼지고기, 개고기, 장어, 문어, 조개, 새우, 화학 첨가물이 들어간 음식 등은 먹지 않습니다. 하나님께서 먹으라고 하신 곡식, 채소, 과일, 소고기, 양고기, 가금류(닭, 오리), 생선을 먹습니다. 이것만 먹어도 넘치고 종류가 어마하게 많습니다. 몸이 아프고 병들면 아무 소용없습니다. 건강해야 행복하고 모든 것을 누릴 수 있습니다.

먹는 것에 집착하면 먹는 것 때문에 싸우고 시험 들고 넘어집니다. 먹는 것을 초월해야 합니다. 나는 예전에 식사를 대접하고 대접받는 것을 좋아했지만 지금은 모두 졸업했습니다. 식사 대접을 자꾸 하다 보면 귀한 시간이 다 흘러갑니다. 하나님께서 하라고 하시면 하고 하지 말라고 하시면 안 해도 됩니다.

식사 대접받는 것도 졸업해야 합니다. 남이 사주는 음식을 얻어먹으면 눈치를 봐야 하고 나의 귀한 시간도 다 빼앗깁니다. 내가 원하는 것을 내 돈을 주고 사 먹는 것이 훨씬 자유롭고 행복합니다. 먹는 일에 사람을 의지하지 않고 자급자족하는 것이 행복합니다.

어떻게 하면 하나님이 주시는 것을 받아 누릴 수 있을까요?

첫째, 하나님께서 모든 좋은 것을 준비해 두셨습니다.

당신이 하나님의 자녀임을 잊지 마십시오. 하나님의 자녀이기 때문에 모든 좋은 것을 누릴 자격이 있습니다. 하나님께서 당신을 위해 좋은 집, 차, 건물, 옷, 신발 등 모두 예비해 두셨습니다.

하나님께 무엇이든 구하면 하나님께서 다 주십니다.

아무것도 제한하지 말고 수많은 꿈과 소원을 종류별로 가지십시오. 노트를 꺼내 구체적으로 적어 보십시오. 당신이 원하는 것을 알아야 구하게 되고 구해야 얻게 됩니다. 얻지 못함은 구하지 않았기 때문입니다. 하나님께 무엇이든 구하고 받아 누리기 바랍니다.

당신이 누리지 못하면 아무 소용없습니다. 하나님이 주신 것을 누리지 못하면 부담을 느끼게 되고 불평하고 원망하게 됩니다. 하나님께서 주신 것은 궁상떨지 말고 부요 믿음으로 편안하게 누리십시오.

하나님은 작은 것을 주었을 때 감사하고 소중히 여기며 잘 관리하면 더 크고 좋은 것을 주십니다. 그러나 원망하고 불평하면 누리지 못하고 다 빼앗깁니다. 하나님께서 주신 것은 다 좋은 것이니 감사하고 소중히 여기기 바랍니다. 그리고 더 큰 것을 구하십시오.

"네 입을 넓게 열라. 내가 채우리라."(시 81:10)

둘째, 인생은 졸업입니다. 졸업은 새로운 시작입니다.

옛 것을 졸업해야 앞으로 나아갈 수 있습니다. 당신이 과거를 그리워하거나 집착하고 있으면 하나님께서 준비해 두신 더 크고 좋은 선물을 받아 누릴 수 없습니다. 옛 것을 졸업해야 하나님께서 준비해 두신 더 크고 좋은 선물을 받아 누릴 수 있습니다.

주님께서 내게 말씀하셨습니다.

"이제 새로운 시작이다. 억만 배의 복을 주겠다."

"너희는 이전 일을 기억하지 말며 옛날 일을 생각하지 말라. 보라.

내가 새 일을 행하리니 이제 나타낼 것이라. 너희가 그것을 알지 못하겠느냐. 반드시 내가 광야에 길을 사막에 강을 내리니."(사 43:18~19)

하나님은 그분의 자녀인 당신이, 하나님께서 만드신 것을 종류별로 풍성히 받아 누리며 행복하길 간절히 원하십니다. 이것은 부요하신 하나님의 자녀로서 당연한 것이고 하나님의 절대적인 뜻입니다.

하나님께서 졸업시킨 것은 과감히 졸업하십시오. 하나님은 더 좋은 것으로 백배로 주십니다. 하나님께 무엇이든 구하고 하나님의 자녀로 모든 것을 편안하게 누리며 영원히 행복하게 살기 바랍니다.

"항상 기뻐하라. 쉬지 말고 기도하라.
범사에 감사하라."(살전 5:16~18)

변함없이 사랑하는 예수님께 눈을 고정시켜라

당신은 행복하십니까?
나는 날마다 행복에 푹 젖어 살고 있습니다. 왜일까요?
날마다 주님을 사랑하고 그분과 연애하기 때문입니다.
세상에서 가장 행복한 사람은 주님과 연애하는 사람입니다.
주님과 연애하는 나는 행복합니다. 매일 설레고 황홀하고 기대됩니다. 하늘의 구름 위를 두둥실 떠다니는 것 같습니다. 환하게 미소가 지어지며 웃음이 저절로 납니다. 나는 성령님과의 사랑에 푹 빠졌습니다. 성령님은 나의 애인이십니다. 세상의 모든 것이 성령님과 연애하기 위해 존재합니다. 성령님께서 세상의 아름다운 자연 만물을 선물로 보여주시며 내게 말씀하십니다.

"너를 위해 만들었단다."

세상의 모든 것이 하나님의 사랑으로 만들어졌습니다. 하나님의 사랑의 숨결이 가득 담겨 있습니다. 자연 만물에서 하나님의 한없는 사랑을 느낍니다. 나는 주님께 말씀드렸습니다. "주님, 모든 좋은 것을 주님과 누리기 위해 만들어 주셨네요. 감사해요."

주님은 내게 세미한 음성으로 직접 말씀하시거나 또는 만물을 통해 다양한 방법으로 말씀하시며 사랑을 표현해 주십니다. 오늘은 씻고 있는 내게 성령님께서 세미한 음성으로 말씀하셨습니다.

"나는 너를 끝까지 사랑한다. 끝까지 믿는다."

나는 주님의 음성에 감사하고 감격했습니다.

"주님, 저도 주님을 끝까지 사랑합니다. 끝까지 믿습니다."

나는 날마다 주님께 사랑을 고백합니다.

"성령님, 사랑합니다. 온 마음 다해 사랑합니다."

하루에 가장 많이 하는 말이 "성령님, 사랑합니다"입니다.

하면 할수록 더 하고 싶은 말, 가장 소중하고 귀한 말, 가장 행복한 말은 "성령님, 사랑합니다"입니다. 세상에서 가장 소중하고 귀한 분은 성령님이십니다. 나는 성령님과만 함께하는 시간을 가장 소중하게 여깁니다. 성령님과 교제하고 대화하고 기도하고 산책하기 위해 시간을 뚝 뗍니다. 성령님과만 함께 하는 시간은 억만금을 준다 해도 바꿀 수 없습니다. 성령님을 바라보고 교제하면 항상 행복하고 기쁨과 감사가 넘칩니다. 성령님은 거룩한 영이고 빛이십니다.

태양보다 더 큰 빛이신 주님께서 내 안에 살아 계십니다.

어떻게 하면 빛이신 주님과 풍성한 교제를 나눌 수 있을까요?

첫째, 주님께 사랑을 고백하십시오.

사랑은 표현하는 것입니다. 표현하지 않으면 알 수 없습니다.

주님과의 사랑 가운데 뿌리가 박히고 터가 굳어지는 비결은 입술로 사랑을 고백하는 것입니다. 입술의 고백이 온 몸과 마음을 굴레씌웁니다. 입을 열어 주님께 사랑을 고백하기 바랍니다.

"성령님, 사랑합니다."

주님은 당신의 품을 항상 족하게 여기시며 당신의 사랑을 항상 연모하십니다. 주님은 당신을 너무 사랑스럽게 여기십니다. "그는 사랑스러운 암사슴 같고 아름다운 암노루 같으니 너는 그 품을 항상 족하게 여기며 그 사랑을 항상 연모하라."(잠 5:19)

주님은 당신을 사랑하므로 병이 났습니다. "너희가 내 사랑하는 자를 만나거든 내가 사랑하므로 병이 났다고 하려무나."(아가 5:8)

주님은 당신을 친구처럼 여기십니다.

"이는 내 사랑하는 자요, 나의 친구로다."(아가 5:16)

주님은 내게 말씀하셨습니다.

"내가 너를 좋아한다. 기뻐한다. 사랑한다. 너와 나와의 영적인 긴밀한 관계를 바깥으로 흘려보내지 마라."

당신도 주님과 긴밀한 사랑의 교제를 나누십시오.

당신의 마음과 사랑을 오직 예수님께로만 향하고 예수님께만 사랑을 고백하기 바랍니다. 세상에서 가장 중요한 것은 영혼의 남편이신 예수님을 가장 사랑하는 것입니다. "믿음으로 말미암아 그리스도께서 너희 마음에 계시게 하시옵고 너희가 사랑 가운데서 뿌리가 박히고 터가 굳어져서"(엡 3:17)라는 말씀대로 그분과의 사랑 가운데서 뿌리가 박히고 터가 굳어지기 바랍니다.

둘째, 주님과 교제하기 위해 뭉치 시간을 내십시오.

성령님과만 함께 하기 위해 시간을 뚝 떼기 바랍니다. 주님을 가장 크고 귀하게 여기기 바랍니다. 주님께 시간을 드리기 바랍니다. 우선순위를 주님께 두기 바랍니다. 마음을 다해 주님을 사랑하기 바랍니다. "네 마음을 다하고 목숨을 다하고 뜻을 다하여 주 너의 하나님을 사랑하라 하셨으니 이것이 크고 첫째 되는 계명이요, 둘째는 그와 같으니 네 이웃을 네 몸과 같이 사랑하라."(마 22:37~39)

셋째, 작은 세상이 아닌 크신 주님의 음성에 순종하십시오.

무엇이든 주님께 "어떻게 할까요?"라고 묻고 주님께서 "가라"고 하시면 가고 "서라"고 하시면 서십시오. "자라"고 하시면 자고 "그만 자라"고 하시면 그만 자고 일어나십시오. "먹어"라고 하시면 먹고 "그만 먹어"라고 하시면 그만 드십시오. "하라"고 하시면 하고 "멈추라"고 하시면 멈추고 "사라"고 하시면 사고 "그만 사라"고 하시면 그만 사십시오. 주님의 음성에 귀를 기울이고 순종하십시오. 주님의 음성을 가장 크게 여기고 주님의 음성을 따라 살면 형통합니다.

"자녀들아, 너희는 하나님께 속하였고 또 그들을 이기었나니 이는 너희 안에 계신 이가 세상에 있는 자보다 크심이라"(요일 4:4)고 했습니다. 당신 안에 계신 예수님은 사탄과 악한 영들, 모든 사람과 돈과 땅과 빌딩들, 이단과 적그리스도, 적수와 원수 등 어떤 문제보다 억만 배나 크신 분입니다. 당신 밖의 일을 티끌처럼 작게 여기고 당신 안에 계신 크신 예수님만 바라보고 믿고 의지하며 사십시오.

"믿음의 주요 또 온전케 하시는 이인 예수를 바라보자."(히 12:2)

넷째, 세상을 자랑하지 말고 오직 예수님만 자랑하십시오.

성공해도 떠벌리거나 자랑하지 마십시오. 돈도 조용히 벌고 다른 것은 다 티끌처럼 작게 여기십시오. 하나님이 주신 직분을 귀하게 여기고 변함없이 하나님을 경외하며 예수님만 전하십시오.

내가 가진 것을 자랑하고 돈 자랑을 자꾸 하면 전도할 수 없습니다. 사람들은 돌아서면 비난합니다. 돈을 주면 앞에서는 좋아하지만 뒤에서는 돈으로 판단합니다. 복음이 담긴 책을 주는 것은 괜찮습니다. 그 책을 통해 복음을 접하게 되고 구원 받고 행복해지며 인생이 바뀌기 때문입니다. 하나님의 종과 하나님의 자녀는 겉으로 드러나는 것에 마음을 빼앗기지 말고 오직 예수님을 전해야 합니다.

"내게는 우리 주 예수 그리스도의 십자가 외에 결코 자랑할 것이 없으니 그리스도로 말미암아 세상이 나를 대하여 십자가에 못 박히고 내가 또한 세상을 대하여 그러하니라."(갈 6:14)

나는 예수님께 입 맞추고 예수님과 춤추며 산다

당신은 감사하며 춤추는 인생을 살고 있습니까?

나는 날마다 감사하며 춤추는 행복한 인생을 살고 있습니다.

성령님과 함께 살면 감사하고 춤추는 인생이 됩니다. 성령님을 사귀면 우울증이 오지 않고 외롭지 않습니다. 항상 기쁘고 행복합니다. 성령님이 아닌 사람을 통해 위로받으려고 하면 고독해지고 우울증이 찾아옵니다. 어느 날 성령님께서 내게 말씀하셨습니다.

"나는 너를 끝까지 사랑한다. 많이 사랑한다. 변함없이 사랑한다. 영원히 사랑한다. 너는 나의 전부다."

나는 감사하고 감격했습니다. 그리고 대답했습니다.

"주님, 저도 주님을 끝까지 사랑합니다. 많이 사랑합니다. 변함없이 사랑합니다. 영원히 사랑합니다."

며칠 전에 나는 사랑하는 성령님과 함께 카페에 갔습니다.

성령님께서 <비행기 믿음을 가지라>와 <하루 만에 다 주신다고 믿어라>는 두 권의 책을 가져가라고 말씀하셨습니다. 성령님과 함께 책을 읽으며 귀한 깨달음을 얻는 행복한 시간을 보냈습니다. 당신도 이 책을 꼭 구입해서 읽어보기 바랍니다. 내용이 정말 좋고 깨달음이 많이 담겨 있습니다.

카페의 한쪽 벽에 스마일 그림과 함께 영어로 이렇게 쓰여 있었습니다. "Always happy!" 나는 미소를 지으며 주님께 말씀드렸습니다. "주님이 함께 계시니 항상 기쁘고 행복합니다. 사는 게 신나고 재밌습니다." 주님께서 말씀하셨습니다.

"그래, 그렇게 기뻐하고 춤추며 살아라."

그리고 주님께서 주신 방언으로 "라라라" 하며 입술과 마음으로 춤을 췄습니다. 나는 방언을 받은 뒤로 성령님의 이끌림에 따라 방언을 많이 말합니다. 성령님이 내 안에 충만히 계시니 입만 열면 방언이 술술 나옵니다. 방언은 일만 마디 감사의 기도입니다. 100퍼센트 감사, 축복, 중보, 찬미, 영의 기도입니다. 저주가 한마디도 없는 정말 좋은 기도입니다. 방언은 내 혀가 춤을 추는 것입니다.

혀와 영혼과 뇌와 마음이 연결되어 있는데 방언을 말할 때 그 모든 것이 함께 춤을 춥니다. 영이 춤추면 성령의 바람이 불며 수십 가지 능력이 나타나고, 뇌가 춤추면 천재적인 지혜가 나타나고, 마음이 춤추면 날마다 잔치가 벌어집니다. 혀가 춤추면 손도 춤추고 몸도 춤추며 하루 종일 춤추는 인생이 됩니다. 주님은 말씀하십니다.

"혀로 춤추며 살아라."

다윗은 날마다 춤추며 잔치하는 삶을 살았습니다.

"그러므로 내 마음이 기뻐하였고 내 혀도 즐거워하였으며
육체도 희망에 거하리니."(행 2:26)

나는 주님의 은혜로 나날이 잘 되고 모든 것에 모든 것이 넘치는 인생을 살고 있습니다. 하나님께서 내가 구한 것보다 항상 더 넘치게, 더 크고 좋은 것으로 채워 주셨습니다. 신기한 것은 내가 아무리 많이 구해도 주고 또 주고 계속 주셨습니다. 나는 가끔 '또 구해도 되나? 계속 구하기만 해도 되나?'라고 생각한 적이 있지만 주님은 '그래, 또 줄게. 다음에 더 좋은 것으로 줄게'라고 말씀하셨습니다.

하나님은 그분의 자녀인 당신이 하나님께 무엇이든 구해서 받아 누리길 원하십니다. 하나님은 한 번만 구해도 주십니다. 애걸하거나 울지 않아도 정확하게 구하면 다 주십니다. 하나님은 당신이 하나님의 자녀로 왕족답게 당당히 모든 것을 누리며 살기를 원하십니다.

하나님은 각 사람에게 관심이 아주 많으시고 귀하고 소중하게 여기십니다. 모든 사람의 기도를 다 듣고 계시며 필요를 넘치도록 채우십니다. '주님은 과연 많은 사람 중에 나를 아실까? 내 생각과 필요를 다 아실까?'라고 생각할 수 있지만 주님은 말씀하십니다.

"나는 너의 솜털까지 다 셀 정도로 너에게 관심이 아주 많고 너를 잘 안단다. 너의 기도를 다 듣고 있단다."

하나님은 기적의 하나님이시며 세상에서 가장 좋으시고 부요한 분이시며 세심하고 꼼꼼하게 모든 필요를 다 채우시는 분입니다.

2020년 새해가 되었습니다. 나는 '하나님께서 올해는 내게 어떤 선물을 주실까? 어떤 복을 주실까?'라는 기대가 되었습니다.

그러자 갑자기 '나만의 텀블러를 갖고 싶다'는 작은 소원 하나가 생겼습니다. 성령님께서 내게 텀블러가 꼭 있어야 할 줄 아시고 선물로 주시려고 먼저 내 마음에 소원을 불어 넣으신 것입니다.

"너희 안에서 행하시는 이는 하나님이시니 자기의 기쁘신 뜻을 위하여 너희로 소원을 두고 행하게 하시나니."(빌 2:13)

나는 주님께 한 번 구한 뒤에 받았다고 믿고 적어 놓았습니다.

"새해 선물로 예쁜 텀블러 받았음, 감사합니다."

며칠 뒤 성령님께서 남편에게 부탁하라고 말씀하셔서 부탁했더니 남편이 마음에 드는 것으로 골라 놓으라고 했습니다.

그 순간 성령님께서 내게 말씀하셨습니다.

"네가 정말 원하는 텀블러를 찾아봐. 아무거나 사서 후회하지 말고 오랫동안 쓴다고 생각하고 찾고 또 찾아봐. 그러면 찾게 된다."

나는 내가 원하는 것을 구체적으로 적어 보았습니다.

"보온과 보냉이 잘 되는 것, 가볍고 355ml인 것, 디자인이 심플하고 색이 예쁜 것, 흔하지 않은 것."

찾고 또 찾았지만 내가 원하는 조건을 다 갖춘 것이 없었습니다.

주님께서 말씀하셨습니다.

"아니야, 있어. 다시 찾아봐."

다음날 다시 찾아보았습니다. 찾고 찾다가 내가 좋아하는 파스텔 색상의 텀블러를 딱 보게 되었습니다.

"와, 예쁘다. 찾았다."

내가 원하는 조건에 다 맞았습니다. 주님께서 남편에게 다시 부탁하라고 말씀하셔서 남편에게 부탁했더니 그걸로 사주었습니다.

나는 감사의 기도를 드렸습니다.

"주님, 새해 선물로 예쁜 텀블러를 주셔서 감사합니다."

또 무엇보다 감사한 것은 1월 첫 주일 신년 예배 때 하나님께서 교회의 직분자를 세우셨는데 김열방 목사님께서 여러 명의 집사님을 호명하여 세우셨고 또 나를 호명하시며 이렇게 말씀하셨습니다.

"이은영 님은 서울목자교회 전도사님으로 임명합니다."

나는 깜짝 놀라기도 하고 기쁘고 감사했습니다.

그리고 마음속으로 기도했습니다.

"주님, 억만 번 감사합니다. 주님의 은혜입니다."

"나를 능하게 하신 그리스도 예수 우리 주께 내가 감사함은
나를 충성 되이 여겨 내게 직분을 맡기심이니."(딤전 1:12)

나는 성령님의 인도하심으로 서울목자교회에 왔습니다.

2015년 12월 말에 처음 다니게 되었고 목사님께서 쓰신 책은 2014년도에 도서관에서 처음 발견하고 보게 되었습니다. 서울목자교회에서 예배하며 여러 코칭 과정에 등록하여 배우고 책도 사서 읽고 테이프도 들었습니다. 또한 복음이 담긴 책을 여러 권 써서 책 전도도 하고 신학대학, 대학원에 등록하여 공부하고 졸업도 했습니다.

이 모두가 하나님의 은혜입니다.

예전에 나는 이런 생각을 했습니다.

'나도 전도사님이 되었으면 좋겠다.'

수많은 연단을 거친 후에 결국 다윗과 요셉을 왕과 국무총리로 승진시키신 하나님께서 나도 승진시켜 주셨습니다.

나는 감사의 기도를 했습니다.

"나를 구원하시고 사랑하시고 택하시고 복을 주시고 인생을 바꿔 주신 주님, 억만 번이나 감사합니다. 영원히 예수님을 믿습니다. 영원히 예수님을 사랑합니다. 영원히 예수님께 충성합니다."

그동안 주님과 함께 믿음의 여행을 하면서 여러 가지 핍박과 낙심되는 일도 있었고 가끔 주위 사람들이 내게 "가까운 교회로 가지 왜 거기까지 가? 책도 이제 그만 써"라고 말하면 마음이 힘들 때도 있었지만 주님께서 내게 말씀하셨습니다.

"잠실에 있어. 내가 너를 잠실로 불렀으니 잠실에 와서 예배해."

나는 굳게 결심했습니다.

"그래, 주님의 말씀만 듣고 주님의 음성에만 순종하면 돼."

나는 하나님께서 세우신 온전한 복음을 전하는 귀한 서울목자교회가 억만 번이나 좋습니다. 이 교회에서 온전한 복음을 깨닫게 되었고 주님과의 사랑에 푹 빠졌으며 행복한 예배를 드리게 되었기 때문입니다. 주일에 예배하러 갈 때마다 가슴이 설레고 마음에 기쁨이 넘치고 입에는 웃음이 가득합니다. 주님과 신나는 여행을 한다고 생각하며 가는 동안 방언으로 기도하며 즐겁고 기대하는 마음으로 갑니다. 주일 예배가 기다려지고 온전한 복음의 말씀을 듣는 것이 너무 행복하고 좋습니다. 나는 이렇게 기도했습니다.

"주님, 영원히 서울목자교회에서 예배하며 주일에 빠지지 않고 예배할 수 있도록 도와주세요. 잠실에 집도 사고 땅도 사고 빌딩도 사게 해주세요. 다 이루어졌음, 감사합니다."

얼마 전 주일 예배 시간에 주님께서 김열방 목사님을 통해 내 머리에 안수하고 예언의 말씀을 주셨습니다.

"사랑하는 딸아, 내가 너와 함께 있느니라. 두려워하지 마라. 강하고 담대하라. 이 잠실 땅은 평강의 땅이니라. 꿈의 땅이니라. 성령의 땅이니라. 잠실에 온 자들에게 평강이 있을지어다. 꿈이 있을지어다. 잠실 땅에서 예배하는 것을 기뻐하라. 즐거워하라. 좋아하라. 잠실에 오는 것을 부담스러워 하지 마라. 기쁘고 즐거운 마음으로 달려오라. 잠실 땅에 복을 주겠노라. 잠실 땅에 올 때마다 구름 위를 걷는 것 같으니라. 너의 가슴에 설렘이 있고 마음에 기쁨이 가득 차고 입술에 웃음이 가득하도다. 네가 밟는 땅마다 내가 네게 주겠노라. 잠실에 올 때마다 네게 복을 주겠노라."

그리고 한 사람씩 이름을 부르시며 말씀하셨습니다.

"은영아, 내가 네게 땅을 주겠노라."

나는 받았다고 믿고 감사의 기도를 했습니다.

"주님, 땅을 주셔서 감사합니다. 천만 평 받았습니다. 아멘."

며칠 후에 교회 카페 게시판에 새 책 <김열방의 자녀코치비결>이 올라왔습니다. 목사님께서 새 책을 주문하라고 말씀하셨습니다.

나는 성령님께 여쭈었습니다.

"성령님, 어떻게 할까요?"

"주문해라. 내가 다 채워 줄게."

나는 대답했습니다.

"네, 알겠습니다."

그리고 주일 예배 때 목사님께서 하신 말씀이 떠올랐습니다.

"어느 날 책과 테이프를 더 이상 구입 못할 때가 올 것입니다. 하나님께서 기회를 주실 때 감사한 마음으로 하세요. 잠실에 올 때도 춤추며 감사한 마음으로 오고 책과 테이프를 사는 것, 코칭 과정에 등록해서 배우는 것도 덩실덩실 춤추며 감사한 마음으로 하세요. 하나님께서 기적을 베풀어 하게 하셨는데 다 잃어버린 사람도 있습니다. 불평하고 원망함으로 하지 말고 즐거운 마음과 감사한 마음으로 하세요. 즐겨 순종하면 땅의 아름다운 소산을 먹게 됩니다."

나는 성령님께서 말씀하시면 묻거나 따지지 않고 순종합니다.

현상적으로 돈이 있든 없든 상관없이 주님의 말씀에 순종하면 신기하게 없던 길이 생기고 없던 돈이 들어오고 닫힌 문이 열리며 놀라운 기적이 일어납니다. 주님께서 내게 말씀하셨습니다.

"걱정하지 마라. 내가 계속 채워 줄게."

나는 주님께 필요한 돈을 구하고 주님을 의지하여 환경에서 찾았습니다. 주님께서 지인을 떠올려 주셨습니다. 나는 또 부탁해야 한다는 마음에 부담이 있었는데 주님께서 말씀하셨습니다.

"빼앗는 것이 아니라 모두에게 복을 주기 위함이야."

용기를 내서 부탁했더니 며칠 후에 필요한 돈이 입금되었습니다.

나는 주님께 들어온 돈을 어떻게 할지 여쭈었습니다.

주님께서 말씀하셨습니다.

"계약금으로 보내라."

나는 주님의 말씀에 순종하여 계약금을 보냈습니다.

주님께서 말씀하셨습니다.

"나머지 돈도 다 채워 줄게. 받았다고 믿고 기다려."

나는 대답했습니다.

"아멘, 억만 번 감사합니다."

부담과 문제보다 주님의 음성이 더 큽니다.

주님은 제사가 아닌 순종을 기뻐하십니다. 주님은 복을 주시기 위해 믿음과 순종을 요구하십니다. 당신도 주님의 말씀에 내일로 미루지 말고 오늘 즐겨 순종하기 바랍니다. 그러면 복을 받습니다.

"사무엘이 이르되 여호와께서 번제와 다른 제사를 그의 목소리를 청종하는 것을 좋아하심 같이 좋아하시겠나이까? 순종이 제사보다 낫고 듣는 것이 숫양의 기름보다 나으니 이는 거역하는 것은 점치는 죄와 같고 완고한 것은 사신 우상에게 절하는 죄와 같음이라. 왕이 여호와의 말씀을 버렸으므로 여호와께서도 왕을 버려 왕이 되지 못하게 하셨나이다."(삼상 15:22~23)

나는 내 안에 살아 계신 예수님과 하나님이 세우신 교회와 주의 종과 복음이 담긴 책과 하나님의 은혜를 부끄러워하지 않고 영원히 자랑스러워합니다. 복음을 깨닫고 누리고 전하는 일을 귀하게 여기고 자랑스러워합니다. 당신도 복음을 깨닫고 누리고 전하는 일을 귀하게 여기고 자랑스러워하기 바랍니다.

나는 예수님의 의성건부지평생을 가졌다

당신은 당신 안에 계신 예수님이 누구인지 아십니까?

당신 안에 살아 계신 예수님은 하나님이시며 억만 배나 크신 분이십니다. 말씀 한마디로 세상을 창조하셨고 우주 만물을 펼치셨으며 천지를 창조하신 창조주이십니다. 모든 만물이 예수님의 통치를 받고 있습니다. 당신 밖에서 일어나는 수많은 문제는 티끌처럼 작습니다. 주님은 당신에게 영원히 썩지 않는 예수 이름을 주셨습니다.

예수 이름은 사탄, 귀신, 모든 문제보다 큰 이름입니다. 당신의 영혼을 구원한 이름, 예수 이름은 가장 큰 이름이며 가장 높은 이름입니다. 주님께서 당신에게 예수 이름을 맡기시며 큰 권능을 행하라고 하셨습니다. 당신이 예수 이름으로 구할 때 기쁘게 들으십니다.

당신이 예수 이름으로 명령을 내리면 병이 낫고 귀신이 떠나갑니다. 모든 문제가 해결되고 응답받게 됩니다. 이렇게 명령하십시오.

"예수 이름으로 명하노니 더러운 병은 떠나가라."

"예수 이름으로 명하노니 더러운 귀신아, 떠나가라."

"예수 이름으로 명하노니 모든 문제는 해결되라."
"예수 이름으로 명하노니 내게 필요한 것은 채워져라."
당신이 하루 종일 불러야 할 이름은 오직 '예수 이름'입니다.

"누구든지 주의 이름을 부르는 자는 구원을 받으리라."(행 2:21)

"내 이름으로 무엇이든지 구하면 내가 행하리라."(요 14:14)

"믿는 자들에게는 이런 표적이 따르리니 곧 그들이 내 이름으로 귀신을 쫓아내며 새 방언을 말하며 뱀을 집어 올리며 무슨 독을 마실지라도 해를 받지 아니하며 병든 사람에게 손을 얹은즉 나으리라."(막 16:17~18)

예수님을 믿는 순간 당신의 인생은 완전히 바뀌었습니다.
예수님께서 당신을 구원하셨습니다. 예수님께서 당신의 모든 죄와 저주를 다 짊어지고 십자가에서 피와 땀과 눈물을 흘리시며 "다 이루었다"(요 19:30)고 외치시며 죽으셨습니다. 그리고 당신에게 넘치는 의, 넘치는 성령 충만, 넘치는 건강, 넘치는 부요, 넘치는 지혜, 넘치는 평화, 넘치는 생명의 복을 주셨습니다. 주님께서 주신 복은 영원하며 썩거나 모자라거나 마르지 않습니다. 한강처럼 철철 흘러넘치며 끊임없이 샘솟는 영구한 복입니다.

"한 사람의 범죄를 인하여 사망이 그 한 사람으로 말미암아 왕 노릇 하였은즉 더욱 은혜와 의의 선물을 넘치게 받는 자들이 한 분 예수 그리스도로 말미암아 생명 안에서 왕 노릇 하리로다."(롬 5:17)

당신 안에 예수님이 실제로 살아 숨 쉬고 계십니다.

당신은 예수님의 의를 가졌습니다.

하나님이 당신을 의롭다고 하십니다. 당신을 의롭다고 하신 이는 하나님이시니 누가 당신을 대적하겠습니까. 사탄은 자꾸 흠을 찾고 과거의 죄와 실수를 떠올리며 지난 일에 집착하게 만듭니다. 그리고 "너는 죄인이야"라고 속이며 참소합니다. 사탄의 거짓말에 속지 말고 예수 이름으로 꾸짖으며 대적하십시오. 그러면 물러갈 것입니다.

"예수 이름으로 명하노니 사탄아, 물러가라."

"예수 이름으로 명하노니 집착은 떠나가라."

주님은 말씀하십니다.

"내가 너를 의롭다고 칭하노라."

당신은 예수 그리스도로 옷 입고 있기 때문에 의로워졌습니다.

예수님을 믿음으로 말미암아 모든 죄를 깨끗이 씻음 받아 거룩해졌고 과거, 현재, 미래의 흠이 다 없어졌습니다. 책망할 것이 없습니다. 그리스도 안에서 완전한 의인입니다. 이렇게 믿고 말하십시오.

"나는 흠이 없는 깨끗한 사람이 되었다."

주님께서 우리에게 응원의 박수를 보내고 계십니다.

"나의 사랑하는 아들아, 딸아, 당당하고 행복하게 살아라."

"참 잘하고 있다."

"우리는 그리스도 안에서 그의 은혜의 풍성함을 따라

그의 피로 말미암아 속량 곧 죄 사함을 받았느니라."(엡 1:7)

"전에 악한 행실로 멀리 떠나 마음으로 원수가 되었던 너희를 이 제는 그의 육체의 죽음으로 말미암아 화목케 하사 너희를 거룩하고 흠 없고 책망할 것이 없는 자로 그 앞에 세우고자 하셨으니."(골 1:21~22)

당신은 예수님의 성령을 가졌습니다.

주님께서 부어 주신 신선한 성령의 기름은 썩지 않고 영원합니다.

주님은 말씀하십니다.

"내가 네게 성령을 부었노라. 내가 네게 기름 부었노라. 내가 네게 권능을 주었노라."

예수님은 생수의 원천이 되십니다. 당신은 더 이상 목마른 인생, 외로운 인생, 고독한 인생이 아닙니다. 당신 안에 살아 계신 예수님의 배에서 생수의 강이 펑펑 솟아나고 있습니다. 당신의 온 몸에 성령의 기름 부음이 철철 흘러넘치고 있습니다. 이것을 믿으십시오.

"나를 믿는 자는 성경에 이름과 같이

그 배에서 생수의 강이 흘러 나리라."(요 7:38)

당신에게 기름을 부으신 분은 사람이 아닌 주님이십니다.

"너희는 주께 받은바 기름 부음이 너희 안에 거하나니 아무도 너희를 가르칠 필요가 없고 오직 그의 기름 부음이 모든 것을 너희에게 가르치며 또 참되고 거짓이 없으니 너희를 가르친 그대로 주 안에 거하라."(요일 2:27)

당신은 예수님의 건강을 가졌습니다.

예수님은 아픈 적이 없었습니다. 건강한 몸으로 사셨습니다.

예수님은 사람들의 모든 병과 연약함을 고치셨습니다. 당신 안에 이러한 예수님이 살아 계십니다. 예수님의 치료의 권능, 부활의 권능이 당신 안에 넘치고 있습니다. 병을 믿지 말고 치료자이신 예수님을 믿으십시오. 예수님을 믿으면 병이 떠나갑니다.

병은 불법이기 때문에 예수 이름으로 꾸짖어야 합니다.

"예수 이름으로 명하노니 모든 더러운 병아, 떠나가라."

"예수 그리스도는 어제나 오늘이나 영원토록 동일하시니라"(히 13:8)고 했습니다. 그렇습니다. 치료자 예수님은 어제도 치료하셨고 오늘도 치료하시며 내일도 치료하십니다. 사탄의 거짓말에 속아 병을 믿지 말고 건강을 믿으십시오. 당신이 어제나 오늘이나 내일도 영원히 건강한 것이 하나님의 절대적인 뜻입니다.

"예수께서 모든 성과 촌에 두루 다니사 저희 회당에서 가르치시며 천국 복음을 전파하시며 모든 병과 모든 약한 것을 고치시니라." (마 9:35)

당신은 예수님의 부요를 가졌습니다.

예수님은 온 우주에서 가장 부요한 분이십니다. 예수님이 모든 부의 원천인 것을 믿으십시오. 예수님은 무한한 공급자이시며 어제도 채우셨고 오늘도 채우시며 내일도 채우시고 영원히 채우십니다.

예수님이 계신 곳에는 수많은 기적이 일어났고 다 채우셨고 다 배불리 먹이셨으며 가난이 없고 부요함이 넘쳤습니다.

불경기여도, 수입이 없어도, 쉬고 있어도 상관없습니다.

예수님이 함께 계시면 당신은 억만장자입니다.

예수님만 계시면 다 있는 것입니다. 예수님이 안 계시면 다 없는 것입니다. 예수님을 소중히 여기기 바랍니다. 예수님을 믿고 예수님께 입 맞추고 예수님을 붙들고 사랑하기 바랍니다.

"모든 사람들아, 예수님께 입 맞추라."

예수님만 믿고 따라가면 평생 억만장자의 부를 누리며 살게 됩니다. 예수님의 음성을 듣고 순종하면 없다가도 생깁니다. 없는 것은 만들어서라도 주십니다. 어떻게든 주십니다. 예수님께서 가장 듣기 싫어하시는 말이 "없다"입니다. 제발 "없다"라는 말을 하지 말고 "있다. 넘친다. 부요하다. 예수님이 함께 계시니 그래도 나는 억만장자다"라고 믿고 말하기 바랍니다. 그러면 날마다 기적이 일어납니다.

주님이 말씀하실 때마다 즐겁게 순종하고 믿음의 씨앗을 심으십시오. 그러면 자고 깨고 하는 중에 싹이 나고 잎이 자라고 꽃이 피고 열매를 맺을 것입니다. 30배, 60배, 100배의 복을 받을 것입니다.

당신이 하나님께 드린 것은 하나도 썩지 않습니다. 하나님은 빼앗아 가시는 분이 아니라 복을 넘치도록 주시는 분입니다.

하나님은 당신이 하나님과 주의 종의 말씀에 순종한 것은 하나도 잊지 않고 다 기억하시고 반드시 백배, 천배 이상으로 돌려주시며 믿음의 상을 주십니다. 이러한 하나님의 은혜를 믿기 바랍니다.

"우리 주 예수 그리스도의 은혜를 너희가 알거니와 부요하신 자로서 너희를 위하여 가난하게 되심은 그의 가난함을 인하여 너희로 부요케 하려 하심이니라."(고후 8:9)

"보라, 그에게는 열방이 통의 한 방울 물과 같고 저울의 작은 티끌 같으며 섬들은 떠오르는 먼지 같으리니."(사 40:15)

당신은 예수님의 지혜를 가졌습니다.

예수님은 온 우주에서 가장 지혜로운 분입니다. 천재 중에 천재이신 예수님이 당신 안에 살아 계십니다. 당신은 더 이상 미련한 자가 아니라 천재입니다. 솔로몬보다 크신 예수님의 지혜가 가득합니다.

느린 사람은 늦게 공부하고 늦게 이해하고 늦게 깨닫고 늦게 적응합니다. 그러나 느린 사람이 늦게 머리가 트여서 세계적인 큰 인물이 될 수도 있습니다. 나중 된 자가 먼저 될 자가 많다고 했습니다.

늦게 하는 것 같지만 어느 순간 한꺼번에 열리기 시작하면 물탱크가 터진 것처럼 펑펑 터져 나옵니다. 성경 인물들 중에 많은 이들이 하나님을 만나고 늦게 인생이 바뀌었습니다. 인생은 모르는 것입니다. 더디다고 마음 상하지 말고 전능하신 하나님을 믿기 바랍니다.

"이는 그가 모든 지혜와 총명을 우리에게 넘치게 하사."(엡 1:8)

당신은 예수님의 평화를 가졌습니다.

예수님은 만왕의 왕이시며 평강의 왕이십니다.

예수님께서 말씀하십니다.

"너희에게 평강이 있을지어다. 너희 집안에 평강이 있을지어다. 너희 사업에 평강이 있을지어다."

마음에 평강이 있는 사람이 진정으로 부요한 사람입니다. 첫 번째 부의 기준은 평강이 있느냐 없느냐 입니다. 평강이 있는 사람은 짜증내지 않고 신경질 내지 않고 느긋하며 여유가 있고 행복합니다.

왜 평강이 없을까요? 조급해서 그렇습니다.

조급하면 평강이 사라집니다. 어떤 일이든 조급한 마음을 가지지 말아야 합니다. 평강이 있으면 건강과 돈과 지혜가 따라옵니다.

마음에 평강을 가지려면 돈과 시간에 여유를 가져야 합니다. 돈과 시간에 쫓기는 사람은 평강이 사라집니다. 돈은 꾸준히 저축하는 습관을 들여야 합니다. 선저축, 후지출하는 습관을 가지십시오.

시간은 충분한 여유를 가지고 준비하고 움직이면 됩니다.

당신 안에 살아 계신 예수님은 평강의 왕이십니다.

"이는 한 아기가 우리에게 났고 한 아들을 우리에게 주신 바 되었는데 그의 어깨에는 정사를 메었고 그의 이름은 기묘자라, 모사라, 전능하신 하나님이라, 영존하시는 아버지라, 평강의 왕이라 할 것임이라."(사 9:6)

어떤 경우에도 당신 안에 계신 크신 예수님을 바라보십시오.

"자녀들아, 너희는 하나님께 속하였고 또 그들을 이기었나니 이는 너희 안에 계신 이가 세상에 있는 자보다 크심이라."(요일 4:4)

당신은 예수님의 생명을 가졌습니다.

생명의 반대말은 '썩음'입니다. 주님은 우리의 영혼에 큰 생명, 새 생명, 영원한 생명을 주셨습니다. 그런 예수님의 생명이 가득하니 우리의 영혼은 썩지 않습니다. 주님은 가정과 돈, 지혜와 건강이 썩지 않게 하시고 새 것과 좋은 것으로 풍성히 주십니다.

생명 안에는 죄, 목마름, 병, 가난, 어리석음, 징계, 죽음이 없습니다. 생명 안에는 의, 성령 충만, 건강, 부요, 지혜, 평화, 생명이 가득합니다. 의성건부지평생이 천국 가는 날까지 영원히 썩지 않습니다.

당신 안에 큰 생명, 새 생명, 영원한 생명이 가득합니다. 생명이신 예수님의 말씀은 땅에 떨어지지 않고 반드시 다 이루어집니다. "나는 의로워. 성령 충만해. 건강해. 부요해. 지혜로워. 평화와 생명을 가졌어"라고 믿고 말하면 주님이 창조와 부활의 역사를 이루십니다.

다윗은 자신의 영혼과 육체가 썩지 않는다고 말했습니다.

"내가 항상 내 앞에 계신 주를 뵈었음이여, 나로 요동하지 않게 하기 위하여 그가 내 우편에 계시도다. 그러므로 내 마음이 기뻐하였고 내 혀도 즐거워하였으며 육체도 희망에 거하리니 이는 내 영혼을 음부에 버리지 아니하시며 주의 거룩한 자로 썩음을 당하지 않게 하실 것임이로다. 주께서 생명의 길을 내게 보이셨으니 주 앞에서 내게 기쁨이 충만하게 하시리로다.”(행 2:25~28)

예수님이 당신 안에 살아 계십니다.

당신은 예수님의 의성건부지평생을 가졌으며 이미 풍성한 은혜, 넘치는 은혜, 큰 구원을 받은 복된 사람입니다. 이 땅에서 누리는 크고 작은 꿈과 소원도 주님께서 은혜로 다 이루어 주십니다.

날마다 이렇게 고백하며 믿음으로 살기 바랍니다.

“나는 예수님의 의성건부지평생을 가졌다.”

“나는 예수님의 믿음을 가졌다.”

“내 안에 예수님이 살아 계신다.”

예수님처럼 구하고 찾고 두드려라. 그러면 얻는다

당신은 어떤 방식으로 기도하고 응답받습니까?

나는 예수님의 기도 방법으로 기도하고 응답받습니다.

당신 안에 예수님이 살아 계시니 예수님처럼 기도해야 합니다.

예수님은 세 가지의 기도를 하셨는데 ‘구하고 찾고 두드리는’ 영의 기도, 마음의 기도, 몸의 기도를 하셨습니다. 무엇일까요?

첫째, 영의 기도는 하나님께 구하는 것입니다.

천지 만물은 영이신 하나님께서 창조하셨습니다. 하나님은 천지를 창조 하실 때 꿈을 품고 딱 한 번 말씀하셨습니다.

"빛이 있으라."

한 번 말씀하시니 빛이 생겼습니다.

성령이 임한 사람은 영속에 꿈과 소원이 생깁니다. 꿈과 소원 목록을 적어 놓고 하나님께 구할 때는 딱 한 번만 구하면 됩니다.

"하나님, 이것이 필요합니다. 받았음, 감사합니다."

예수님은 기도하고 구한 것은 받았다고 믿고 감사의 기도만 하셨습니다. 예수님은 한 번만 구하셨고, 많이 구할 때는 세 번까지 구하셨습니다. 한 번도 애걸하거나 구걸하거나 떼쓰지 않았습니다.

믿음은 한 번 구한 것은 구하는 중에 받았다고 믿는 것입니다.

사람들이 기도 방법을 모르니 계속 울면서 기도하고, 죽어라고 금식하며 기도하고, 날마다 애걸하고 떼쓰지만 결국 기도 응답을 못 받고 원망과 불평을 쏟아 놓게 되는 것입니다.

"무엇이든지 기도하고 구하는 것은 받은 줄로 믿으라.
그리하면 너희에게 그대로 되리라."(막 11:24)

"아무 것도 염려하지 말고 다만 모든 일에 기도와 간구로
너희 구할 것을 감사함으로 하나님께 아뢰라."(빌 4:6)

영의 기도는 하나님께 한 번만 감사함으로 구하는 것입니다.

하나님께 한 번 구했으면 받았다고 믿고 감사만 하기 바랍니다.

아무리 큰 것도 한 번만 감사함으로 구해도 기적이 일어납니다.

영의 기도인 방언은 구하는 게 없습니다. 100퍼센트 감사, 축복,

중보, 찬미, 비밀의 기도입니다. 방언은 저주가 한마디도 없는 정말 좋은 기도, 가장 수준 높은 기도입니다. 일만 마디로 하나님께 계속 감사하는 기도입니다. 그러므로 방언 기도를 많이 하십시오.

우리 인생은 하나님의 은혜가 넘치니 감사할 것이 참 많습니다.

감사만 해도 짧은 인생입니다. 억만 번이나 감사하십시오.

방언은 100퍼센트 성령의 나타남이며 성령님이 우리 안에 충만히 계시니 저절로 나타나는 것입니다. 또 방언은 100퍼센트 축복 기도인데 하나님께 축복하는 것입니다. 하나님도 하나님의 자녀에게 축복의 말, 복을 받으시라는 '송축'의 말을 듣기를 원하십니다.

"하나님, 복 많이 받으세요. 행복하세요. 축복합니다."

방언은 하나님을 향한 감사의 기도, 축복의 기도입니다.

당신도 방언을 사모하고 방언을 많이 말하기 바랍니다.

한 번 기도하고 구했으면 받았다고 믿고 감사만 하기 바랍니다.

둘째, 마음의 기도는 주위 환경에서 찾는 것입니다.

기도하고 구한 것은 받았다고 믿고 주위에서 찾아야 합니다.

우리가 구한 것은 하나님께서 있어야 할 줄 미리 아시고 다 준비해 두셨습니다. 멀리 있지 않고 가까운 곳에 있습니다. 주님을 의지하여 환경에서 찾고 '똑똑똑' 하고 두드리면 문이 열리고 기적이 일어나고 응답이 옵니다. 찾고 두드려야 원하는 것을 얻지 가만히 앉아 있으면 원하는 것을 얻을 수 없습니다. 찾고 두드리십시오.

"구하라, 그리하면 너희에게 주실 것이요. 찾으라, 그리하면 찾아낼 것이요. 문을 두드리라, 그리하면 너희에게 열릴 것이니 구하는

이마다 받을 것이요. 찾는 이는 찾아낼 것이요. 두드리는 이에게는 열릴 것이니라."(마 7:7~8)

셋째, 몸의 기도는 두드리는 것입니다.

몸을 움직이고 입을 열어 두드려야 합니다. 두드린다는 것은 '요청하고 부탁하는 것'입니다. 예수님처럼 요청해야 얻습니다.

요청하지 않으면 얻지 못합니다. 기도 응답은 행함으로 받습니다. 행함이 없는 믿음은 죽은 믿음입니다. 받았다고 믿으니 주님을 의지하여 찾는 것이고 부탁해서 얻는 것입니다. 구하기만 하고 가만히 앉아 있으면 아무런 변화도 없고 기적도 없고 응답도 없습니다.

예수님처럼 한 번 구한 것은 받았다고 믿고 환경에서 찾고 부탁하기 바랍니다. 그러면 기적이 일어납니다. 때로는 부탁했지만 매몰차게 거절당할 때도 있습니다. 그러나 하나의 문이 닫히면 더 좋은 문이 열리고 더 좋은 길이 생긴다고 믿고 계속 두드려야 합니다.

"영혼 없는 몸이 죽은 것 같이
행함이 없는 믿음은 죽은 것이니라."(약 2:26)

세상에 있는 모든 것이 하나님의 것입니다.

우리가 하나님께 뭔가를 드려 갚음을 받는 게 아닙니다. 단지 하나님의 은혜에 감사한 마음으로 하나님의 음성에 순종했을 뿐인데 하나님께서 모든 것을 기억하시고 백배, 천배, 만배의 복을 주시는 것입니다. 하나님께서 백배, 천배, 만배의 복을 주셨다고 믿고 감사하기 바랍니다. 이렇게 말하며 하나님을 기대하기 바랍니다.

"나는 천배의 복을 받았다. 만배의 복을 받았다. 하나님, 감사합니다. 이미 다 받았습니다."

그리고 하루 종일 감사하며 춤추며 살기 바랍니다.

하루 종일 예수님을 믿고 사랑하며 살기 바랍니다.

모든 때에 모든 방법으로 예수님을 전하기 바랍니다.

"내가 반드시 너를 복 주고 복주며

너를 번성케 하고 번성케 하리라 하셨더니

저가 이같이 오래 참아 약속을 받았느니라."(히 6:14~15)

당신을 축복합니다.

나는 혼자만의 자기 계발 시간을 가졌다

혼자만의 자기 계발 시간을 가져라

당신은 정신없이 바쁜 인생을 살고 있지 않습니까?

열심히 공부하고 쉬지 않고 또 회사와 집안에서 하루 종일 일하지만 진정으로 나만을 위한 자기 계발 시간은 없지 않습니까?

돈을 버는 것보다 공부를 하는 것보다 집안일을 하는 것보다 가장 중요한 것은 나만의 시간을 갖고 자기 계발을 하는 것입니다.

오직 돈만 많이 벌기 위해 내 시간을 쏟아 가며 열심히 일하다 보면 평생 나만을 위한 시간은 없게 됩니다. 회사의 실적만 올려 주는 남을 위한 인생을 살게 됩니다. 학교 공부와 세상 지식과 기술을 습득하는 것에 시간을 쏟아 부으면 좋은 성적을 받고 좋은 회사에 취직할 수는 있지만 진정한 내 재능을 못 찾고 어떤 인생을 살아야 할지 모를 수도 있습니다. 그저 회사에서 열심히 일하며 돈 버는 것이 유일한 목적이 되어 버립니다. 집안일도 열심히 하는 것은 좋지만 하루 종일 그 일만 하면 끝도 없습니다. 원래 집안일이 그렇습니다.

설거지를 끝내면 싱크대 주변이 정리하고 싶어집니다. 또 집안 전체를 청소기를 돌리고 빨래를 끝내고 싶어집니다. 부지런히 방을 닦고 어느 정도 일을 다 했다 싶으면 식사 시간이 다가와 요리해서 가족을 먹이기 위해 준비해야 합니다. 그러므로 이 모든 일을 하기 전에 가장 먼저 나만의 자기 계발 시간을 가져야 합니다.

물론 일찍 회사에 출근하거나 특수한 상황에서는 그 일을 끝내고 나서 자기 계발 시간을 가져도 됩니다. 너무 시간에 얽매일 필요는 없습니다. 아무튼 먼저 나를 위해 혼자만의 시간을 챙겨야 합니다.

혼자만의 시간에 온전한 복음과 지혜가 담긴 책을 읽으십시오.

온전한 복음으로 믿음이 강건해지고 지혜로워집니다. 세상 지식보다 중요한 것이 예수 그리스도의 지혜입니다. 예수님은 아주 지혜로우신 분이셨습니다. 솔로몬보다 지혜로운 분이십니다. 그 예수님이 자신을 구주로 영접한 자 안에 성령으로 가득히 들어오셨습니다.

내 안에 예수 그리스도가 거하고 계시며 그 예수님은 내가 구하지 않아도 저절로 의, 성령 충만, 건강, 부요, 지혜를 부어 주셨습니다.

나는 항상 의롭습니다. 의인의 주위에 의인을 넘어뜨리고 망하게 만들려는 악인들이 다가옵니다. 그들은 사탄의 자식이며 사탄의 꼬임에 넘어간 것입니다. 예수님은 곧 하나님이시며 하나님이 악인에게서 나를 지켜 주십니다. 하나님은 크신 분이며 전지전능하신 분입니다. 그분이 나를 지키시니 악인이 함부로 손대지 못합니다.

"하나님께로부터 난 자는 다 범죄하지 아니하는 줄을 우리가 아노라. 하나님께로부터 나신 자가 그를 지키시매 악한 자가 그를 만지지도 못하느니라."(요일 5:18)

악인은 당신을 해하지 못합니다. 그러므로 악인을 두려워할 필요가 없습니다. 사탄과 졸개들을 두려워하지 마십시오.

당신이 가장 두려워해야 할 분은 하나님입니다. 하나님이 당신과 함께하신 그 순간부터 당신의 인생은 하나님의 것입니다.

하나님과 함께 당신의 미래를 만들어 가십시오.

당신 마음대로 살아가려고 하지 말고 성령님과 함께 모든 일을 하십시오. 지금 당신이 회사에서 일하는 것은 성령님과 함께하는 것입니다. 공부하고 집안일을 하는 것도 마찬가지입니다. 모든 일에 성령님의 기름 부으심이 넘치고 있음을 인정하고 믿으십시오.

어떻게 하면 성령님과 함께 가치 있는 인생을 살 수 있을까요?

첫째, 무슨 일이나 행동을 할 때 성령님과 교제를 나누고 도움을 구하십시오. 아무리 바빠도 성령님과 교제하는 것을 소홀히 하지 마십시오. 속으로든 입으로든 성령님께 말을 걸고 도움을 구하십시오. 그러면 성령님이 반드시 응답하실 것입니다. 성령님과는 일방이 아니라 쌍방입니다. 성령님과 당신이 서로 사랑하기 때문입니다.

둘째, 하루 중에 성령님과 함께하는 나만의 시간을 가지십시오.

조용하고 아무도 방해하지 않는 공간에서 하나님이 읽으라고 하는 온전한 복음과 지혜가 담긴 자기 계발서를 읽으십시오.

성령님과 함께 책을 읽으면 깨달음이 있을 것입니다. 책을 읽고 생각하십시오. 성령님과 함께 생각하면 어떤 일에 대한 해결책이 생각나게 하실 것입니다. 또한 성령님이 꿈과 소원을 갖도록 인도하실 텐데, 그 모든 해결책과 꿈과 소원은 즉시 핸드폰에 적으십시오.

셋째, 나만의 시간에 조금이라도 글을 쓰십시오.

책을 읽는데서 멈추지 말고 깨달음을 얻은 내용으로 성령님과 함께 매일 조금씩 책을 쓰십시오. 책 쓰기는 성령님과 함께 한다면 누구든지 쉽게 할 수 있습니다. '천재적인 책 쓰기의 일곱 가지 원리'를 깨닫고 성령님께 도움을 구하면 당신 안에 있는 지혜가 흘러넘쳐 당신의 삶과 깨달음과 복음이 담긴 책을 줄줄 쓰게 될 것입니다.

당신은 그리스도 안에서 천재작가입니다.

혼자만의 시간에 하나님이 꿈을 불어넣어 주신다

당신은 자신을 향한 꿈과 계획이 있습니까?

당신이 어떻게 변하고 성장하고 싶은지에 대한 계획이 있습니까?

나는 매일 성령님과 함께 새로운 계획을 짭니다. '많은 계획을 짜도 어차피 다 이루어지지 않을 텐데'라고 생각할 수 있을 겁니다. 하지만 그런 생각은 아직 당신의 믿음이 작기 때문입니다. 당신의 믿음이 커진다면 나처럼 날마다 새로운 계획을 짜게 될 것입니다.

나는 하나님 아버지를 완전히 믿습니다. 하나님 아버지는 연약하고 부족한 사람을 한 순간에 변화시키시고 크게 성장시킬 수 있는 분이십니다. 성경에, 하나님을 만난 사람마다 변화되었습니다.

예전에 나는 하나님 아버지를 완전히 믿지 않았습니다. 하나님 대신 부모님과 친구를 의지했습니다. 무슨 일이 생기면 부모님께 칭얼거리며 도움을 구했고 친구를 의지하며 방법을 구했습니다. 물론 처음엔 도움을 구하면 간단한 문제는 쉽게 해결되었습니다. 그런데 시간이 흐를수록 나에게 닥치는 시련은 점점 더 커져 갔고 주위 사람들을 의지해도 근본적으로 그 문제가 해결되지 않았습니다.

그런 나에게 성령님이 찾아오셨습니다. 성령님은 예수를 영접한 순간 이미 내 안에 실제로 살아 계셨지만 내가 성령님을 찾지 않았고 의지하지 않았기에 기다리고 계셨습니다. 내가 그분의 도움이 절실히 필요할 때까지 말입니다. 나는 성령님의 손을 붙들었습니다.

나는 내 삶에 진정한 구원자이자 인도자는 성령님이시라는 것을 깨달았습니다. 그 후로 나는 달라졌습니다. 성령님께 안기고 성령님께 기대는 사람이 된 것입니다. 이제 내게 닥쳐오는 시련은 아무것도 아닙니다. 성령님이 나를 도우실 테니 두려울 것이 없습니다.

성령님을 의지한 순간부터 나는 그분의 종이자 그릇으로 살게 되었습니다. 성령님은 내 삶에 아주 큰 계획을 세우셨습니다.

그 계획은 결코 나 혼자서는 할 수 없는 큰 계획이었습니다. 사람들의 도움으로도 만물로도 쉽게 이룰 수 없는 큰 계획이었습니다. 오직 하나님의 도움만으로 할 수 있는 큰 계획이었습니다. 하지만 나는 그 계획대로 내 삶이 이루어지고 있다는 것을 알고 있습니다.

성령님이 나를 이끌고 계신다는 것을 완전히 믿기 때문입니다.

성령님이 큰 계획을 주셔도 내가 선택하고 순종하지 않으면 실행될 수 없습니다. 내가 하겠다고 선택해야 그때부터 성령님의 인도하심이 시작되는 것입니다. 내가 해야 할 것은 '성령님께 나를 맡기고 순종하는 것'입니다. 그 순간부터 우리 인생은 바뀝니다.

어떤 모습으로 바뀔까요?

첫째, 강철 같고 반석 같은 큰 믿음을 갖게 됩니다.

갈대같이 연약하고 유리같이 깨지기 쉬운 믿음으로는 성령님의 인도를 받을 수 없습니다. 그런 사람들은 잘 따라오다가 시련이 닥치면 그 즉시로 넘어지고 주위 사람들의 도움을 찾기 시작합니다.

자신에게 닥친 문제가 해결되지 못할 거라 생각하고 뒤돌아 도망가 버립니다. 그러면 평생 변화되지 못한 채로 살아야 합니다.

시련이 닥쳐도 두려워하지 마십시오.

성령님이 이미 가장 좋은 해결책을 마련해 두셨습니다.

시련을 티끌처럼 가볍게 여기고 먼지처럼 쉽게 여기기 바랍니다.

당신과 함께 계신 하나님은 시련보다 억만 배나 크신 분입니다.

"보라, 그에게는 열방이 통의 한 방울 물과 같고 저울의 작은 티끌 같으며 섬들은 떠오르는 먼지 같으리니 레바논은 땔감에도 부족하겠고 그 짐승들은 번제에도 부족할 것이라. 그의 앞에는 모든 열방이 아무것도 아니라. 그는 그들을 없는 것 같이, 빈 것 같이 여기시느니라."(사 40:15~17)

오직 성령님을 두려워하고 의지해야 합니다.

이미 당신 안에 큰 믿음이 있습니다. 큰 믿음이 있기에 예수 그리스도를 구주로 영접한 것입니다. 그 믿음은 하나님의 선물입니다.

성령님께서 당신에게 큰 믿음을 주셨습니다. 예수 그리스도가 당신 안에 계시므로 태산보다 큰 믿음, 강철같이 단단한 믿음을 가지게 되었습니다. 주님은 "네 믿음이 크도다"라고 칭찬하십니다.

둘째, 남들은 꾸지도 못할 큰 꿈과 계획을 꾸게 하십니다.

노년의 나이에 아기를 낳는 꿈, 별 볼일 없는 작고 나약한 막내아들이 세상을 이끄는 왕이 되는 꿈 등, 성경 인물들은 많은 꿈을 꿨습니다. 그들이 단순히 잘났기 때문이 아니라 하나님께서 그들에게 큰 꿈을 불어넣으신 것이며, 그들이 그 꿈을 완전히 믿은 것입니다.

성령님께서도 지금 당신에게 큰 꿈을 불어넣으시길 원하십니다.

당신도 그렇게 되기를 원해야 합니다. 꿈을 꾸기 위한 시간을 투자하십시오. 그러면 성령님께서 매일 새로운 꿈을 주실 것입니다.

"하나님이 말씀하시기를 말세에 내가 내 영을 모든 육체에 부어주리니 너희의 자녀들은 예언할 것이요. 너희의 젊은이들은 환상을 보고 너희의 늙은이들은 꿈을 꾸리라."(행 2:17)

성령님과 함께 구체적인 목표를 설정하라

당신은 어떤 것이 인생의 목표입니까?

편안한 집에서 먹고 자고 입는 것이 유일한 목표입니까?

한 가지 목표만 갖지 말고 다양한 목표를 가지십시오.

당신 스스로가 이룬다고 생각하지 말고 성령님이 당신과 함께 하신다고 믿으십시오. 당신이 예수를 영접했다면 이미 당신 안에 성령님이 가득히 들어와 계십니다. 예수를 영접하지 않았다면 지금 즉시 예수를 구주로 영접하기 바랍니다. 나를 따라 말하십시오.

"하나님의 외아들 예수 그리스도가 십자가에 달려 죽으시므로 내 모든 죄를 속량하셨다는 것을 믿습니다."

입으로 말한 순간 당신의 죄는 완전히 사해졌습니다.

이제 당신은 의인입니다. 하나님이 당신을 자녀로 삼으셨습니다.

지금 이 순간부터 당신은 스스로를 죄인 취급하거나 저주하지 마십시오. 당신은 존귀한 자이며 당신 안에 예수 그리스도의 지혜와 총명과 카리스마가 있습니다. 다른 사람들이 당신을 "머리가 나쁘다. 공부를 못한다"며 바보 취급해도 당신은 바보가 아닙니다.

당신은 그리스도 안에서 천재입니다. 당신 안에 솔로몬보다 크신 예수의 영이신 성령님이 가득히 들어와 계시기 때문입니다.

성령님은 잠깐 있다가 가시는 일시적인 분이 아니며 조금만 들어오신 분도 아닙니다. 성령님은 영원히 당신을 떠나지 않으십니다.

"내가 아버지께 구하겠으니 그가 또 다른 보혜사를 너희에게 주사 영원토록 너희와 함께 있게 하리니 그는 진리의 영이라 세상은 능히 그를 받지 못하나니 이는 그를 보지도 못하고 알지도 못함이라. 그러나 너희는 그를 아나니 그는 너희와 함께 거하심이요 또 너희 속에 계시겠음이라."(요 14:16~17)

하나님은 그분을 사랑하는 자에게 풍성한 복과 은혜를 주십니다.

성령님은 당신 안에 가득히 들어오셨습니다. 늘 당신 안에서 함께 하십니다. 창조의 능력과 치료의 능력을 가지신 하나님이 성령으로 당신 안에 계시므로 아무도 당신을 해하지 못합니다. 당신의 한없는 행복을 위해 오늘도 만물이 풍성히 공급되고 있습니다.

성령님이 나와 함께하신다는 것을 믿은 순간부터 내게는 남들과 다른 새로운 선택의 기회가 찾아왔습니다. 어떤 것일까요? '성령님과 동행하는 삶'과 '내 멋대로 사는 삶'과 '남들이 하라는 대로 삶'입니다. 이 중에서 성령님과 동행하는 삶이 최고의 선택입니다.

이 선택을 한 자는 모두 성령님의 종이 되어 어마어마한 복을 받아 누리게 됩니다. 성령님과 동행하면 어떤 복을 받게 될까요?

첫째, 한 가지 목표가 아닌 매일 새로운 목표를 가지게 됩니다.

뭔가를 하겠다는 한 가지의 작은 목표에서 크고 많은 목표로 바뀌게 됩니다. 내가 말하는 목표는 곧 '꿈과 소원'입니다. 세계적으로 크게 성공한 사람들은 다들 꿈과 소원이 있었습니다. 꿈과 소원이 없으면 성장할 수 없습니다. 목표가 없는데 어떻게 앞으로 나아가겠다는 강력한 동기가 생기겠습니까? 목표가 없는 사람은 평생 변화와 성장이 없이 현실에 안주하며 안정되게 살려고만 할 것입니다.

꿈과 소원이 있어야 앞으로 나아가고 싶은 마음이 들고 열심히 성령님과 함께 달려가게 됩니다. 당신도 꿈과 소원을 가지십시오.

둘째, 사람들과 시련에 대한 두려움이 사라집니다.

당신이 목표를 가졌을 때 주위에서 오는 반응을 두려워하면 평생 큰 꿈을 못 꿉니다. 사람들의 반응은 지극히 현실적입니다. 현실보다 억만 배로 큰 것이 실상입니다. 사람들의 현실적인 반응에 민감하지 말고 성령님의 음성에만 민감하십시오.

성령님이 지금 당신에게 말씀하십니다.

"나를 믿고 꿈과 소원을 마음껏 꿔라. 네가 혼자 하는 것이 아니라 내가 네 안에서 너를 돕겠다. 사람의 반응은 쉽게 변한다. 네가 성공하면 비난하던 자는 입을 다물 것이고 너를 비웃던 자들은 부끄러워질 것이다. 그러니 지금 그들이 너를 비난해도 이해해라. 그들을 미워하지 말고 불쌍히 여겨라. 그들이 거듭나길 기도해라."

두려움은 먼지 같습니다. 두려워하지 말기 바랍니다.

"두려워하지 말라. 내가 너와 함께 함이라 놀라지 말라. 나는 네 하나님이 됨이라. 내가 너를 굳세게 하리라. 참으로 너를 도와주리라. 참으로 나의 의로운 오른손으로 너를 붙들리라."(사 41:10)

하나님 아빠와 함께라면 모든 것을 할 수 있다

당신은 남이 도전하지 않은 새 일에 도전할 수 있습니까?

아니면 이미 남들이 많이 도전한 옛 일만 도전할 수 있습니까?

나는 남들이 하지 않는 일이라도 내 안에 계신 하나님 아빠를 통해 해낼 수 있습니다. 나는 예전에 사탄의 자식이었지만 예수 그리스도를 영접한 후로는 하나님의 자녀가 되었습니다. 하나님을 아빠라 부를 수 있게 된 것입니다. 하나님 아빠는 만물의 주인이십니다.

만물이 하나님께로부터 창조되었으며 하나님의 섭리대로 움직입니다. 한낱 작은 벌레와 들판의 모든 동물이 있는 것도 하나님의 섭리대로 태어나고 이 땅에서 살다가 죽는 것입니다. 사람을 뺀 만물은 죽으면 모두 흙으로 돌아갑니다. 오직 하나님의 형상을 닮게 창조된 인간만 육체는 흙으로 돌아가나 영은 죽지 않고 낙원과 음부에 있다가 예수님이 재림하셨을 때 천국과 지옥으로 갈라지게 됩니다.

예수님을 구주로 영접한 사람은 죽으면 그 영혼이 낙원에 있다가 나중에 천국으로 가서 그곳 보좌에 앉아 계신 하나님과 함께 영원히 행복하게 살게 됩니다. 예수를 영접하지 않은 사람은 음부에 있다가 나중에 지옥으로 가서 마귀와 함께 영원히 고통을 받으며 살게 됩니다. 우리는 지옥에 갈 불쌍한 영혼들을 위해 전도하고 인도해야 합니다. 또한 이 땅에서도 지옥같이 살지 않도록 온전한 복음을 가르쳐야 합니다. 그래서 나는 부지런히 글을 쓰고 두 권의 책을 출간하여 책으로 복음 전파를 하고 있습니다. 당신도 책을 쓰십시오.

물론 책을 쓰는 것은 아무나 할 수 없으나 하나님의 자녀는 아주 쉽게 해낼 수 있습니다. 하나님은 책으로 복음을 전파하십니다.

옛날에는 사람들을 통해 '성경'을 쓰게 하셨고 지금은 사람들을 통해 '복음이 담긴 책'을 써내십니다. 하나님은 잘난 자를 쓰시는 것이 아니라 못난 자와 나약한 자, 부족한 자를 들어 쓰셨습니다.

부족한 나도 당신도 당연히 하나님이 들어 쓰십니다. 당신이 성령님을 믿고 의지한다면 말입니다. 성령님은 나 잘났다 설치는 자를 쓰지 않으십니다. 그런 자는 책을 써도 자기가 썼다고 자랑하기 때문입니다. 우리는 책을 쓸 때 하나님이 함께 쓰신다는 것을 명심해야 합니다. 모든 일은 내 안에 계신 하나님의 영 성령님이 하신다는 것을 명심하십시오. 겸손히 성령님을 높이십시오. 성령님이 예수를 영접한 자에게 의와 성령 충만, 건강과 부요, 지혜와 평화를 주셨으며 영원한 생명도 주셨습니다. 당신은 하나님의 자녀입니다.

당신은 지금 무슨 일을 하고 있습니까?

앞으로는 무슨 일을 할 것입니까? 날마다 똑같은 일을 하며 똑같이 하루를 마감할 것입니까? 성령님과 함께 새로운 일에 도전하십시오. 어떻게 해야 성령님과 함께 새로운 일을 하게 될까요?

첫째, 먼저 성령님께 나를 크게 써 달라고 구하십시오.

성령님은 우리를 존중하시기에 우리가 먼저 자신을 맡길 때까지 기다리십니다. 그러니 지금 즉시 말로 성령님께 요청하십시오.

"사랑하는 성령님, 저를 크게 써 주세요. 남들은 아직 꾸지 못할 큰 꿈과 소원을 가지게 해주세요. 성령님을 의지합니다."

이렇게 구하면 성령님이 꿈과 소원을 생각나게 하십니다.

둘째, 아무리 큰 꿈과 그 꿈에 비례한 시련이 와도 성령님이 나를 지키고 도우신다는 것을 믿으십시오.

사람들은 새로운 일을 할 때 오는 시련을 두려워합니다. 두려움은 나 혼자라고 생각하기에 오는 것입니다. 성령님이 나와 함께하신다고 믿으면 두려움이 떠나갑니다. 걱정 근심이 사라집니다. 성령님이 알아서 나를 이끌어 주시므로 시련을 지나 성공하도록 이끄십니다.

이미 그렇게 된 줄로 믿으면 반드시 이루어집니다.

모든 꿈과 소원이 이미 이루어졌다고 믿으십시오.

"대저 그 마음의 생각이 어떠하면 그 위인도 그러한즉."(잠 23:7)

인생은 생각한 대로 됩니다.

하나님을 경외함이 모든 일의 시작이다

당신은 말하지 않아도 필요한 것을 다 채워 주시는 하나님을 믿습니까? 당신에게 필요한 의식주 문제는 성령님이 기본적으로 다 채우십니다. 성경에 말했듯이 작은 것에 염려하지 말아야 합니다.

"그러므로 내가 너희에게 이르노니 목숨을 위하여 무엇을 먹을까 무엇을 마실까 몸을 위하여 무엇을 입을까 염려하지 말라. 목숨이 음식보다 중하지 아니하며 몸이 의복보다 중하지 아니하냐? 공중의 새를 보라, 심지도 않고 거두지도 않고 창고에 모아들이지도 아니하되 너희 하늘 아버지께서 기르시나니 너희는 이것들보다 귀하지 아니하냐? 너희 중에 누가 염려함으로 그 키를 한 자라도 더할 수 있겠느냐? 또 너희가 어찌 의복을 위하여 염려하느냐? 들의 백합화가 어떻게 자라는가 생각하여 보라, 수고도 아니하고 길쌈도 아니하느니라. 그러나 내가 너희에게 말하노니 솔로몬의 모든 영광으로도 입은 것이 이 꽃 하나만 같지 못하였느니라. 오늘 있다가 내일 아궁이에 던져지는 들풀도 하나님이 이렇게 입히시거든 하물며 너희일까보냐? 믿음이 작은 자들아, 그러므로 염려하여 이르기를 무엇을 먹을까 무엇을 마실까 무엇을 입을까 하지 말라. 이는 다 이방인들이 구하는 것이라. 너희 하늘 아버지께서 이 모든 것이 너희에게 있어

야 할 줄을 아시느니라."(마 6:25~32)

하나님은 모든 생물이 거할 곳과 먹을 것과 입을 것까지 다 예비해 주시는 은혜와 자비가 넘치는 분이십니다. 그런 분이 우리 안에 한강처럼 가득히 들어와 계시고 이미 우리가 무엇이 필요한지 다 알고 계시는데 왜 염려합니까? 염려할 필요가 전혀 없습니다.

성령님은 이미 우리의 속마음까지 다 알고 계십니다. 그렇기에 하나님 앞에서 거짓말을 하는 것은 그분 앞에서 내 눈만 가리고 아옹 하는 꼴이 됩니다. 하나님은 여전히 모든 것을 알고 계십니다.

어린 아기는 엄마가 손으로 자기 얼굴을 가렸다가 손을 치워 얼굴을 드러낼 때 신기하고 재밌어 하지만 다 큰 인간은 그렇지 않습니다. 손으로 얼굴을 가려도 엄마가 사라지지 않는다는 것을 알기 때문입니다. 하나님은 그런 인간보다 억만 배나 크신 분입니다.

우리가 하나님 앞에서 자기 손으로 얼굴을 가리고 아무것도 모른 척한다고 해서 그분이 아기처럼 속아 넘어가지 않습니다. 하나님 앞에서 거짓말을 해서 부끄러울 일을 만들지 마십시오. 하나님은 거짓말쟁이를 아주 싫어하십니다. 성경에서는 거짓말을 했다가 하나님께 버림받고 벌을 받은 사람들이 나옵니다. 그들이 십계명에 말하는 "거짓 증거 하지 말라"는 말씀을 어겼기 때문입니다.

성령을 속인 아나니아와 삽비라 등 그들은 죄를 지었지만 하나님께서 이미 그들의 죄를 사하여 주셨기 때문에 지옥에 가진 않았습니다. 하지만 그들은 이 땅의 공동체에서 하나님께 버림받았습니다.

아담과 하와의 자식인 가인은 자기 동생 아벨을 시기하다가 결국 살인하고픈 마음이 끓어올라 아벨을 돌로 쳐 죽이고 말았습니다. 그리고 그는 아벨을 찾는 하나님 앞에서 거짓말을 했습니다. "제가 동생을 지키는 자인가요? 저는 아벨이 어디 있는지 몰라요."

하나님께서는 가인이 저지른 죄를 이미 다 알고 계셨습니다.

그에게 물으신 것은 그가 자기 잘못을 고백하고 회개하길 원하셨던 것입니다. 그런데 가인은 하나님 앞에서 눈에 뻔히 보이는 거짓말을 했습니다. 그 후 가인은 자기 죄로 인해 부모님의 집에서 쫓겨나 방황하게 되었습니다. 가인이 자신이 죽임을 당할까 두려워하자 자비로우신 하나님이 아무도 그를 해칠 수 없게 만드셨습니다.

결국 그는 살아남아 자손을 남겼지만 그의 마음속에서는 동생을 죽였다는 죄책감이 계속 있었을 겁니다. 우리는 가인처럼 자기의 감정을 주체하지 못하여 남을 괴롭히거나 해하지 말아야 합니다. 하나님이 우리에게 주신 계명은 우리가 땅에서 평안히 살게 합니다. "내가 너희를 사랑한 것처럼 서로 사랑하라"는 계명을 지켜야 합니다.

하나님의 법을 지키면 어떤 유익이 있을까요?

첫째, "다른 신을 섬기지 말라"는 법과 "우상을 섬기지 말라"는 법을 지키면 다른 우상을 섬기느라 아까운 돈과 시간을 낭비하지 않게 됩니다. 하나님만 의지하기에 두려움도 없고 염려도 없습니다.

둘째, "하나님의 이름을 망령되게 부르지 말라"는 법은 하나님을 두려워하고 경외하는 자에게는 당연한 것입니다. 지금 즉시 당신 안에 실제로 거하고 계시는 성령님께 도움을 구하십시오.

"성령님, 제가 오직 성령님만 두려워하고 경외하게 해주세요."

그리고 이미 받은 줄로 믿으면 그렇게 됩니다.

셋째, "안식일을 거룩히 지키라"는 법은 우리에게 쉼을 주기 위한 하나님의 사랑입니다. 돈을 벌기 위해 몸을 쉬지 않고 움직이며 열심히 일하면 좋을 것 같으나 우리 몸에는 좋지 않습니다. 우리의 몸은 계속 일해도 지치지 않는 강철 몸이 아닙니다. 하나님은 전지전능한 분이시기에 그래도 괜찮지만 인간은 아닙니다. 인간은 쉬어야 몸에 쌓인 피로가 해소되고 부족해진 에너지를 채울 수 있습니다.

쉬는 시간을 아까워하지 마십시오. 예전에 나는 잠자는 시간을 아까워해 남들이 잘 때 일어나 내가 하고 싶은 일을 열심히 했습니다. 책을 읽고 그림을 그리며 끝도 없이 핸드폰과 노트북으로 일했습니다. 아직 어릴 때는 그렇게 해도 몸이 많이 피곤하진 않았습니다.

하지만 나도 모르게 내 안에 있는 세포와 장기들에 피로가 쌓이고 심한 스트레스를 받기 시작했습니다. 그래서 나는 "잘 때는 자고 놀 때는 놀고 쉴 때는 쉬자"는 생각으로 바꾸었습니다. 하나님은 우리의 몸을 다 아시기에 일주일 중 안식일을 정하여 쉬게 하셨습니다.

주일에 교회로 나와 하나님께 전심으로 예배한 후 집으로 가서 뒹굴며 쉬십시오. 어찌 보면 노는 것도 몸을 쉬게 만드는 것이 아닙니다. 가만히 앉거나 누워서 몸을 쉬게 해 준 후 하나님께 물어 다 쉬었다면 그때 당신이 해야 할 일을 다시 조금씩 하십시오. 안식일에는 하루 종일 일하지 말고 푹 쉬기 바랍니다.

넷째, "부모를 공경하라"는 법은 아주 중요합니다. 먼저 나를 창조하시고 구원해서 의인으로 삼으신 하나님 곧 영의 아버지를 공경하면 육체의 부모님도 공경하게 됩니다. 지금까지 나를 키워 주신 부모님을 공경하십시오. 부모님을 존중하고 사랑하십시오.

아버지와 어머니가 나와 맞지 않는다고 해서 기분 나빠하거나 원망하지 말고 하나님께 도움을 구해 부모님의 장점을 보고 사랑하는 마음이 들게 만드십시오. 하나님은 인간이 서로 원수가 되는 것을 원하지 않으십니다. 쓸데없는 다툼으로 고생하기를 원하지 않으십니다. 그러니 당신 안에 계신 성령님을 위해서 더더욱 부모님이든 주위 사람들이든 존중하기 바랍니다. 존중하는 것은 "살인하지 말라. 간음하지 말라. 도둑질하지 말라. 남의 것을 탐내지 말라"는 법에도 포함됩니다. 남을 존중한다면 남의 것을 탐내지 않습니다. 도둑질하지 않습니다. 남의 생명을 소중히 여긴다면 간음하고 살인하지 않습니다. 먼저 하나님을 존중하고 나를 존중하십시오. 그리고 부모님과 형제자매를 존중하고 주위 사람들을 존중하십시오.

"형제를 사랑하여 서로 우애하고
존경하기를 서로 먼저 하라."(롬 12:10)

마음을 다스릴 수 있는 능력이 당신에게 있다

당신은 마음이 강인한 사람입니까?
어떠한 상황에서도 침착함을 잃지 않는 사람입니까?
어떤 상황에서도 침착함을 잃지 않는 것이 정말 중요합니다.
당신이 아무리 많은 공을 들여 크게 성공해도 시련이 닥쳤을 때 어찌해야 할 바를 모르고 흔들리면 그동안 이룬 모든 성공이 하루아침에 물거품처럼 사라지게 됩니다. 당신을 따르던 자들도 떠나갑니다. 스스로를 컨트롤하지 못하는 지도자를 누가 따르겠습니까?

나는 마음이 강인한 사람입니다. 침착함을 잃지 않는 사람입니다.

나는 부정적인 생각을 하지 않습니다. 내가 현상을 바라보지 않고 실상을 바라볼 수 있는 이유는 내 안에 거하고 계시는 성령님 때문입니다. 성령님이 내게 있는 부정적인 감정을 없애 주셨기 때문입니다. 두려움, 염려의 마음이 내게서 다 사라졌습니다.

현상으론 아직 부정적인 마음이 조금 있을 수 있습니다. 그럴 때 현상을 받아들이면 현상에 잡혀서 평생 부정적인 사람인 채로 살게 됩니다. 나는 그런 삶이 살고 싶지 않기 때문에 성령님께 도움을 구했습니다. 내가 성령님께 어떤 도움을 구했을까요?

첫째, 내 마음을 다스릴 수 있게 해 달라고 구했습니다.

성경에 나온 인물들은 다 하나님의 도우심으로 자신의 마음을 다스렸습니다. 그들이 성공하기 위해서는 오랜 시간이 필요했고 그 기간을 견디기 위해 마음을 다스려야 했습니다. 마음을 다스리지 못하면 기다리는 것이 힘들어지고 견디다 못해 뛰쳐나가게 됩니다.

당신도 올라오는 부정적인 생각을 다스려야 합니다.

'왜 이렇게 빨리 이루어지지 않는 거야? 기다리기 너무 힘들어. 나랑 같이 출발했는데 저 사람은 벌써 저 멀리까지 갔잖아. 성령님이 정녕 내 안에 계신 것이 맞는 걸까? 혹시 성령님이 내가 생각한 것보다 더 작으신 분이 아닐까? 언제까지 이렇게 기다려야 하나?'

부정적인 생각은 점점 불어나고 하나님을 향한 의심은 커집니다.

그렇게 의심할수록 하나님을 향한 믿음이 작아집니다. 그러다 결국은 하나님을 의지하는 것을 포기하고 내 맘대로 사는 길을 선택하거나 주위 사람들을 의지하는 길로 빠지게 됩니다.

　나 자신을 의지하는 것도 주위 사람들을 의지하는 것도 완전하지 않습니다. 인간이 완전하지 않기 때문입니다. 인간은 하나님과 함께해야 완전해집니다. 물론 예수를 구주로 영접한 순간 우리는 완전한 의인이 되었지만 하나님을 의지하지 않으면 완전한 의인으로서의 삶을 살아 갈수 없습니다. 의인도 죄에 빠질 수도 있으며 악한 자의 말에 홀라당 넘어갈 수가 있기 때문입니다. 그런 일이 없기 위해서는 성령님을 믿고 의지해야 합니다. 성령님께 도움을 구하십시오.

　"성령님, 제가 마음을 잘 다스릴 수 있도록 도와주세요."

　구했으면 이미 그렇게 된 줄로 믿으십시오.

　그리고 평안히 기다리면 됩니다. 당신 안에 평화가 가득합니다.

　하나님은 평화의 하나님이시지 불화의 하나님이 아니십니다.

　하나님은 의인들이 서로 미워하고 저주하길 원하지 않으십니다.

　또한 죄인까지도 비난하는 것을 원하지 않으십니다. 하나님은 죄인까지도 사랑하시는 분입니다. 이미 당신 안에는 마음을 다스릴 수 있는 능력이 있습니다. 이 능력을 믿는 순간부터 펼쳐집니다.

　부정적인 생각이 올라오면 즉시 명령을 내어 쫓아 내십시오.

　"예수 이름으로 명하노니 부정적인 생각과 감정은 떠나가라."

　그러면 당신 안에서 예수 그리스도의 지혜와 감정을 다스리는 능력이 흘러나와 그 모든 부정적인 것이 쫓겨 나갑니다.

　둘째, 성공하는 것보다 주님과 함께하는 것을 억만 배나 크게 여기십시오. 당신이 아무리 크게 성공해도 주님이 없이는 그 성공이 영원히 지속되지 않습니다. 사람의 죽음은 예기치 못할 상황에서 일어날 수 있기 때문입니다. 내 힘으로 열심히 쌓아 놓았지만 얼마 있지 않아 빼앗길 수도 있습니다. 성공보다 중요한 것은 성령님입니다.

성령님이 계시면 망해도 다시 일어날 수 있습니다. 주님이 당신을 도와 지난번보다 더 많은 복을 주신다는 것을 믿으십시오.

주님을 의지하지 않는다면 망했을 때 절망하고 다시 일어날 생각을 하지 못하게 됩니다. 일어나도 아주 오랫동안 고생해서 겨우 올라가게 됩니다. 그러니 성공보다 주님을 더 크게 여기기 바랍니다.

"네 시대에 평안함이 있으며
구원과 지혜와 지식이 풍성할 것이니
여호와를 경외함이 네 보배니라."(사 33:6)

부정적인 말과 사람을 구분해서 걸러라

당신은 주위에서 날아오는 화살 같은 말에 어떻게 대응합니까?

그 날카롭고 아픈 부정적인 말을 가슴으로 다 받아 당신의 마음이 상처들로 만신창이가 되게 합니까? 아니면 그 말을 무시하거나 귀를 닫고 옆으로 흘리므로 당신의 마음을 굳게 지키십니까?

나는 주위에서 찌르는 말을 한 귀로 듣고 한 귀를 흘려보냅니다.

원래 나는 남이 쏘는 화살 같은 말을 다 받아들이는 사람이었습니다. 누군가에게는 기억나지 않을 정도로 가벼운 말일지라도 들은 나에겐 아주 무겁고 아픈 말이었습니다. 나는 많은 상처를 받았고 내 마음은 만신창이가 될 정도였습니다. 상처를 받을수록 나는 상처받지 않으려고 웅크리기 시작했습니다. 고슴도치가 자기 몸을 보호하기 위해 가시를 바짝 세우고 몸을 웅크리고 있는 것처럼 나도 자신을 방어하기 위해 그렇게 했던 것입니다.

나는 자신을 멍청이 취급했고 자존감은 아주 낮았습니다.

나는 남들 앞에 나서기를 꺼렸습니다. 그렇게 나서면 실수해서 사람들의 비웃음과 날카로운 말이 날아올까 지레 겁먹었습니다.

나의 하루하루는 눈물이 없는 날이 없었습니다.

어떨 때는 죽고 싶었고 또 어떨 때는 내게 상처 준 자들보다 더 잘 나가기 위해 악착같이 살아야겠다고 생각했습니다. 온탕과 냉탕을 오가던 내 마음은 성령님을 만나고 36.5도의 적당한 체온처럼 평온하고 행복한 마음을 유지하게 되었습니다.

생각해보면 누구나 자신이 가진 상처가 있습니다.

자기가 남에게 던진 날카로운 말은 기억하지 못하면서 자기가 받은 나쁜 말은 두고두고 기억하면서 가슴을 파고 이를 가는 사람이 있습니다. 그런 사람들은 다들 자신이 제일 불쌍하다고 말합니다. 나도 그런 줄 알았습니다. 왜 내게 괴로운 일이 계속 일어나는지 몰라 절망했습니다. 어느 날 성령님께서 내게 이렇게 말씀하셨습니다.

"내 아들 예수는 죄가 없는 몸임에도 너희를 위해 인간으로써 이 땅에 태어났고 자기가 겪을 고통을 알면서도 기꺼이 감당했다. 예수는 세상을 원망하지 않았고 원수에게 저주를 퍼붓지 않았으며 너희를 뜨겁게 사랑했다. 그 예수가 바로 나다. 내가 보혜사 성령으로 네 안에 들어와 있다. 어떤 사람의 고난도 예수의 고난에 비하면 아무 것도 아니다. 너희들이 겪어야 할 죄와 목마름, 병과 가난, 어리석음을 예수가 다 감당했다. 너희는 감사하고 또 감사하라.”

나는 큰 충격을 받았습니다. 나는 내가 제일 불쌍하고 가장 불행한 줄 알았는데 예수님에 비해서는 아무것도 아니었던 것입니다.

예수님은 하나님의 외아들이었고 죄가 없으신 분이었습니다.

그분은 고난을 받기 전에는 그분의 귀함에 맞는 대접을 받았습니다. 값지고 재질 좋은 옷을 걸치셨고 온갖 능력과 지혜를 펼치셨습니다. 그분은 모든 것에 부요하셨습니다. 만약 예수님이 우리 대신 고난을 겪지 않으셨다면 평생 부요하게 행복하게 사실 수 있었을 겁니다. 그런데도 예수님은 우리를 너무나 사랑하시어 기꺼이 몸을 내어 주셨습니다. 그러므로 우리는 예수님을 뜨겁게 사랑해야 합니다.

서로의 괴롬과 불행을 내세우며 사람에게 관심과 사랑을 받으려고 하지 말고 성령님께 관심과 사랑을 받는 것으로 만족해야 합니다. 사람들의 밀물과 썰물 같은 관심에 매달리지 마십시오. 영원히 흐르는 생수의 강이신 성령님의 관심에 매달리십시오.

예수님은 주위에서 찌르는 말에 어떻게 대응하셨을까요?

첫째, 부정적인 말을 하는 자를 꾸짖거나 멀리 떠나셨습니다.

귀신들려 예수님께 쓸데없는 말을 지껄이는 자를 향해 예수님은 “잠잠하고 떠나라”고 명령하셨습니다. 당신도 귀신들린 자에게 떠들지 말라고 명령하십시오. 필요에 따라 큰 소리로 명령해도 되고 작은 소리로 명령해도 됩니다. 당신의 입은 성령님의 기름 부으심이 흐르는 입이므로 작게 말해도 큰 권능이 나타납니다.

당신의 앞길을 막는 자를 꾸짖고 명령하므로 쫓아내십시오. 필요하다면 거리를 두십시오. 시기와 원망을 갖고 있는 사람은 멀리해야 합니다. 그 사람에게 쩔쩔 매며 잘 보일 필요가 없습니다.

둘째, 성령님께 사람을 분간할 수 있도록 도움을 구해야 합니다.

가인이 동생 아벨을 시기하다가 결국 쳐 죽였습니다. 세상에는 시기와 원망이라는 감정으로 인해 상대를 치거나 죽이려는 사람이 있습니다. 물론 하나님이 당신을 지켜 주시지만 굳이 원수 앞에 얼쩡거릴 필요는 없습니다. 분간하기 어려우면 성령님께 물으십시오.

"성령님, 저 사람과 가까이 해도 될까요? 저 사람에게 말해도 될까요? 저 사람의 말을 들어도 될까요? 어떻게 할까요?"

그러면 성령님께서 그 사람의 내면을 보게 하시거나, 마음속에서 세미한 음성으로 '가까이해라, 가까이하지 말라'고 말씀하십니다. 그 사람의 말을 받아들일지 무시할지도 물으십시오. 인간적인 말은 혈육과 가족과 친구일지라도 무시하고 한 귀로 흘려보내십시오. 당신에게 안 좋은 영향을 주거나 별 도움도 되지 않는 말은 받아들이지 말아야 합니다. 오직 성령님의 음성에 귀를 기울이고 순종하십시오.

"너희는 귀를 기울이고 내게로 나아와 들으라.
그리하면 너희의 영혼이 살리라."(사 55:3)

소리 없이 닥쳐오는 역경을 다 이겨내라

당신은 소리 없이 닥쳐오는 역경을 다 이겨낼 수 있습니까?

아니면 역경을 이겨내지 못하고 쉽게 낙심하고 나자빠집니까?

나는 소리 없이 닥쳐오는 역경을 다 이겨낼 수 있습니다. 갑자기 오는 역경이라도 두려워하지 않고 꿋꿋이 버틸 수 있습니다. 내가 버틸 수 있는 까닭은 성령님이 나를 붙들고 계시기 때문입니다.

또한 내가 성령님을 붙들고 의지하기 때문입니다.

성령님은 모든 문제를 먼지처럼 여기는 크신 하나님이십니다.

전지전능하신 성령님이 당신 안에 계신다는 사실을 믿는 순간 당신 안에 있는 두려움과 근심이 떠나갈 것입니다. 당신이 혼자라고 생각하기에 두려움이 생기고, 역경을 이겨낼 수 없다고 여기기에 근심하는 것입니다. 나는 성령님의 능력을 완전히 믿습니다.

성령님은 사람이 결코 할 수 없는 일을 하시고 과거와 현재와 미래를 다 아시는 분입니다. 성령님은 역경을 미리 대비하게 하십니다. 겉으로는 대비해 놓은 것 같지 않아도 역경 끝에 어느 순간 출구가 보이는데 그 출구가 바로 성령님이 만들어 두신 것입니다.

하나님은 당신이 역경 속에서 고통스럽게 비명 지르는 것을 원치 않으십니다. 하나님이 만약 그런 것을 원하셨다면 외아들 예수 그리스도를 이 땅에 보내지 않았을 것입니다. 그분은 우리를 죄악과 지옥 같은 삶에서 구원하기 위해 예수님을 이 땅에 보내신 것입니다.

죄가 없으신 예수님은 이미 자신이 당할 고통을 알고 계셨습니다.

그런데도 예수님은 하나님 아버지께 원망하지 않았습니다.

그분의 일생에 단 한 번 겟세마네 동산에서 땀방울이 핏방울이 될 정도로 간절히 기도하신 것 빼고는 항상 잠잠히 하나님의 뜻에 따라 움직이셨습니다. 예수님이 십자가에 달려 죽으시므로 예수를 구주로 믿고 영접하는 사람은 죄 사함을 받게 되었습니다. 한 번 구원을 받는 순간 우리 안에 죄가 있을 공간이 의로 가득히 채워졌습니다.

다시는 죄가 우리 안에 들어오지 못합니다. 우리는 영원한 의인이 되었습니다. 완전히 하나님의 자녀가 되었습니다. 예수님은 죽으신 지 사흘 만에 살아나 하늘로 올라가신 후 보혜사 성령님을 이 땅에 보내셨습니다. 성령님은 의인인 우리 안에 가득히 임하셨습니다.

하나님과 예수님 그리고 성령님은 동일하신 분입니다. 세 분은 동일한 권세와 능력과 지혜를 가지신 분이며, 만물이 성령님께도 복종합니다. 만물의 주인이신 성령님이 우리 안에 계시므로 만물이 우리에게도 복종합니다. 우리가 명령한 대로 세상이 움직입니다.

다만 명심해야 할 것은 나 혼자가 아니라는 것과 앞으로 내가 하는 모든 일은 하나님이 나를 통해 하신다는 것입니다.

어떤 사람은 잘나갈 때는 자기의 능력 때문이라고 자랑하다가 일이 엇나가기 시작하면 그때부터 하나님께 원망을 쏟기 시작합니다.

일이 어떻게 흘러가느냐에 마음을 두지 말고 당신 안에 계신 성령님께 마음을 쏟아야 합니다. 사람들은 당신이 잘나갈 때는 뭔가 얻으려고 달라붙어 있다가 조금만 힘들어지면 차갑게 떠나갑니다.

성경에 '부자 아버지와 아들 이야기'를 보면 잘 나옵니다.

어느 부자 아버지에게는 두 아들이 있었습니다. 어느 날 둘째아들이 아버지에게 자기에게 올 유산을 미리 달라고 요청했습니다. 아버지는 흔쾌히 주었습니다. 둘째아들은 유산을 가지고 집을 떠나 다른 나라로 갔습니다. 그곳에서 유산을 펑펑 쓰며 놀았습니다. 그때 돈이 많은 둘째아들 옆에는 뭔가를 얻어먹으려고 들어붙는 자가 많았습니다. 둘째아들은 그런 이들을 멀리하지 않았는데 그들이 진정으로 자신을 좋아하고 끝까지 자기편이 되어 줄 거라 믿었던 것입니다. 돈 자랑, 재물 자랑을 하며 더 많은 친구들을 끌어 모았습니다.

그러다 그는 유산을 다 잃어버렸고 그 순간 그렇게 좋아했던 친구들 모두가 그를 떠나갔습니다. 그는 빈털터리가 되었습니다. 어떻게든 돈을 벌어서 굶주린 배를 채우려고 잡일을 찾아다녔습니다.

결국 농장에서 돼지를 치게 되었는데 돼지가 먹는 쥐엄 열매조차 주지 않아서 먹을 수 없었습니다. 둘째아들은 크게 후회하고 아버지께로 돌아갔습니다. 아버지는 그런 아들을 기쁘게 받아들였습니다.

이 아버지는 하나님, 둘째아들은 우리와 같습니다. 하나님을 모르고 살아온 지난날들, 알게 모르게 지은 죄들. 하지만 하나님은 우리의 죄를 다 용서하고 우리를 그분의 아들로 삼으셨습니다.

그분은 우리를 깊이 사랑하시고 아름다운 옷으로 치장시키고 귀한 음식을 주고 따뜻한 집에 거하게 해주셨습니다.

당신의 현실은 그렇지 않다고요? 겨우 먹고 살 집과 음식, 그리고 빨아서 계속 입어야 할 한두 개의 옷이 있다고요? 괜찮습니다.

성경 인물들도 그런 현실을 겪을 때가 있었습니다. 아브라함은 백세가 될 때까지 아들이 없는 현실이 지속되었습니다. 그러자 그는 잠깐 믿음이 흔들려 여종 하갈을 통해 아들을 낳았지만 자기 죄를 회개하고 다시는 현상을 바라보지 않고 믿음을 굳게 지켰습니다.

결국 그는 아내 사라를 통해 아들 이삭을 낳았습니다.

이삭도 40세에 결혼하고 20년간 자녀를 낳지 못했지만 믿음을 지키므로 두 아들을 얻었습니다. 야곱은 형 에서를 피해 삼촌 라반의 집에서 거하며 양치는 일을 했습니다. 그는 사랑하는 라헬을 얻기 위해 14년이나 대가 없이 일해야 했습니다. 그렇게 많은 시간 동안 일했지만 야곱에게는 자기 재산이 없었습니다. 어느 날 하나님께서 야곱의 눈을 열어 그에게 레아와 라헬 둘 뿐이고 아무 재산이 없음을 보게 하셨습니다. 그때 야곱은 이래서는 영원히 삼촌 집에서 일이나 도와주며 살다가 끝날 것이라는 깨달음을 얻게 되었습니다.

하나님은 야곱에게 재산을 모을 초자연적인 방법을 알려주셨고 야곱은 결국 자산이 하나도 없는 비참한 현실에서 시작해 6년 만에 재산이 두 떼나 불어나는 억만장자의 삶으로 바뀌게 되었습니다.

지금 성령님께선 당신에게 "나를 믿으라"고 말씀하십니다.

성령님을 믿을 때 우리 삶은 어떻게 달라질까요?

첫째, 큰 꿈과 소원이 나타나기 시작합니다.

둘째, 인생이 재밌어지기 시작합니다.

셋째, 크고 많은 복을 받는 특별한 삶이 시작됩니다.

당신에게 꿈과 소원이 없다면 삶에 아무런 변화가 없습니다.

아브라함은 아버지의 집에서 우상 깎는 일만 하다가 인생이 끝났을 것이고 야곱은 라반의 집에서 평생 남의 양 떼만 쳤을 것입니다.

그래도 의식주가 해결되니 안정된 삶이라 생각했을 것입니다.

꼭 아무런 역경이 없다고 해서 좋은 인생은 아닙니다. 역경이 왔을 때마다 성령님을 의지해서 이겨 내야 합니다. 그래야 하나님께 많은 복을 받는 최고의 인생이 됩니다. 꿈이 없는 인생은 죽은 인생입니다. 꿈이 있어야 살아 있는 인생입니다.

역경을 두려워하지 마십시오. 성령님을 의지하면 어떤 역경도 다 이겨낼 수 있습니다. 단순히 성령님을 믿고 의지하면 됩니다. 성령님은 당신이 특별한 인생을 살기 바라십니다. 성령님이 책임지시니 두려워 말고 근심하지도 말고 마음껏 꿈꾸고 선택하기 바랍니다.

빛이자 희망이신 예수님이 내 안에 살아 계신다

당신은 최근에 절박함을 느낀 적이 있습니까?

절박함은 '어떤 일이나 때가 가까이 닥쳐서 몹시 급하다'는 말입니다. 세상에는 다양한 일이 있기 때문에 그런 일을 겪으면서 순간마다 절박함을 느낄 수 있습니다. 작은 일을 할 때는 금방 해결할 수 있기에 절박하지 않지만 큰 일이 닥치면 그때부터 불안해지고 절박해지기 시작합니다. 발을 동동 구르며 어떻게 해야 할지 걱정하고 머리를 싸매며 괴로워합니다. 어떤 사람은 그런 과정이 지속되면 그 문제를 해결하는 것을 포기하고 도망치려고 합니다.

"너무 지쳤어. 이제 그만 쉴 거야"라며 더 이상 앞으로 나아가지 않으려고 합니다. 거기서 멈추면 끝입니다. 다시 일어나십시오.

큰 일이 닥치면 절박하게 하나님을 찾고 부르짖으면 됩니다.

크신 하나님을 찾고 도움을 구하십시오. 스스로가 그 문제를 해결하려고 애쓰지 말고 다른 사람의 도움을 구하지도 마십시오. 사람의 도움을 찾아 봤자 소용없습니다. 그들은 당신의 문제를 해결하지 못하며 당신의 몸과 마음만 지칠 뿐입니다.

다른 사람이라면 '더 이상 희망이 없다'고 생각하고 절망했을 텐데, 성경 인물들은 하나님을 찾고 부르짖었습니다. 하나님이 희망이라는 것을 알았기 때문입니다. 하나님은 희망이자 은혜 그 자체이십니다. 당신도 하나님을 찾으십시오. 그러면 그분이 당신에게 커다란 빛과 평강을 안겨 주실 것입니다. 만물을 창조하고 다스리는 분은 유일하신 하나님, 한 분 뿐이기 때문입니다. 그분이 말씀하십니다.

"두려워하지 말라. 내가 너와 함께 함이라. 놀라지 말라. 나는 네 하나님이 됨이라. 내가 너를 굳세게 하리라. 참으로 너를 도와주리라. 참으로 나의 의로운 오른손으로 너를 붙들리라."(사 41:10)

만물이 하나님 앞에 엎드리고 그분의 명령대로 움직입니다.

그 하나님이 예수를 구주로 영접한 당신 안에 성령으로 가득히 들어오셨습니다. 성령님이 당신 안에서 당신과 함께 움직이시고 당신과 함께 말하시므로 당신이 말하는 대로 만물이 움직입니다. 당신이 말하는 대로 기적이 일어납니다. 그러므로 믿음의 말만 하십시오.

당신은 아주 절망적인 상황에서도 하나님이 계시므로 희망이 넘친다고 말해야 합니다. 사람이 할 수 없는 일을 하나님은 다 하실 수 있기 때문입니다. 어떻게 하면 성경 인물처럼 크게 성공할까요?

첫째, 당신의 삶이 끝없이 상승한다고 믿으십시오.

끝없이 추락하는 삶이 아닌 한 번 추락했어도 다시 수직상승하여 결국엔 남들과 비교할 수 없을 만큼 치솟아 오를 것입니다.

둘째, 당신 자신이 아주 특별한 사람인 것을 믿으십시오.

당신은 성령님께 아주 특별한 사람입니다. 예수를 구주로 영접한 자는 다 특별한 사람입니다. 다 예수님의 은혜를 받았으며 의와 성령 충만, 건강과 부요, 지혜와 평화와 생명이 넘치기 때문입니다.

셋째, 어떤 일이 있어도 성령님을 믿겠다고 결단하십시오.

당신에게 크신 성령님이 계시므로 어떤 암울한 상황에서도 당신에겐 길이 있습니다. 하지만 성령님이 계시지 않는 자와 성령님을 의지하지 않는 자에게는 길이 없습니다. 길이 없어 빙글빙글 돌기만 할 뿐입니다. 인생이 추락하는 것 같다고요? 당신과 함께 계신 성령님이 아래로 추락하는 당신을 붙잡고 천천히 위로 끌어올리십니다.

처음엔 다른 자들과 다를 바 없어 보이지만 어느 순간 당신은 성령의 독수리 날개에 올라타고 하늘을 유유히 날고 있을 것입니다.

그러다 잠깐 삐끗할 수 있습니다. 그런 일이 일어나는 것은 성령님이 그 일을 통해 당신을 더 강하게 만들기 위해서입니다. 그리고 성령님은 반드시 그 상황에서 당신을 벗어나게 하십니다. 당신이 해야 할 것은 성령님을 의지하여 출구를 찾는 것입니다. 삐끗했다고 절망하며 포기하지 말고 성령님을 원망하지도 말기 바랍니다.

이제는 더 이상 '쉬고 싶다'고 생각하지 말고 일어나십시오.

다시 더 큰 꿈을 향해 움직이십시오.

당신이 성공할 확률은 100퍼센트다

당신은 뭔가 할 때 그 일이 성공할 것을 확신합니까?

아니면 혹시나 실패할까 봐 두려워 시도조차 못합니까?

나는 뭔가를 할 때 성공을 기대합니다. 내가 성공할 것을 믿기 때문에 가슴이 설레고 큰 기대가 되는 것입니다. 나 스스로 한다면 성공할 확률과 실패할 확률이 반반이거나 실패할 확률이 더 높겠지요.

하지만 나 혼자가 아닌 성령님이 함께 하시기에 반드시 성공합니다. 성공할 확률이 100퍼센트가 됩니다. 성경에서 성령님의 인도를 받은 사람은 다 성공했습니다. 그것도 작게 성공한 것이 아니라 아주 크게 성공했습니다. 그들은 자신의 하나님을 믿었습니다.

그들은 어떤 상황 속에서도 희망을 잃지 않았습니다.

희망이신 주님이 그들과 함께 하셨기 때문입니다. 지금 당신 안에도 참 희망이신 성령님이 가득히 거하고 계십니다.

당신이 예수를 구주로 믿기만 하면 죄 사함을 받고 의인이 되며 예수 그리스도의 영이신 보혜사 성령님이 당신 안에 가득히 들어오십니다. 그 순간부터 당신은 성령님의 몸입니다. 성령님이 거하시는 성전입니다. 그러므로 당신의 몸을 깨끗이 관리해야 합니다.

당신이 거하는 집도 깨끗하게 잘 관리해야 합니다.

물론 자기 집을 제대로 관리하지 못하는 사람도 있습니다.

하나님께서는 자기 집을 잘 관리하는 자를 기뻐하시며 더 넓고 좋은 집을 주십니다. 아무리 사랑하는 자녀라도 자기 방을 제대로 관리하지 못한다면 더 큰 방을 줄 수 없습니다. 큰 방을 줘 봤자 더 크게 어지럽힐 뿐이니까요. 당신의 방을 호텔처럼 관리하십시오. 호텔에는 잡다한 물건이 없습니다. 깔끔하고 럭셔리합니다. 꼭 필요한 물건이 아니면 길을 걷다가 싸구려 잡다한 물건을 사지 마십시오.

하나님은 우리 아버지이고 우리 안에 거하시는 주인입니다.

하나님은 우리를 사랑하시지만 자기 몸을 제대로 관리하지 못한다면 더 큰 복을 주시지 않습니다. 어차피 복을 줘 봤자 관리하지 못하고 부담스럽게 여기다가 다른 이에게 빼앗겨 버리기 때문입니다.

아예 처음부터 관리를 잘하는 사람에게 주는 것이 나을 것입니다.

우리가 자기 관리를 잘하면 성령님이 기뻐하십니다. 하나님은 주어진 것을 잘 경영 하는 사람에게 더 많은 재능과 재물을 주십니다.

하나님께 작은 것을 하나 받아도 감사해야 합니다.

감사를 잘 하면 더 빨리, 더 크게 복을 받습니다. 작은 것에 감사하는 사람은 더 많은 것을 주어도 더 많이 감사합니다. 작은 것에도 감사하고 큰 것에도 감사하십시오. 당신에게 지금까지 그런 복이 들어온 이유는 성령님이 당신에게 복을 부어 주고 계시기 때문입니다.

당신의 잘남 때문이나 당신의 피나는 노력 때문이 아닙니다.

어떻게 하면 100퍼센트의 성공률을 얻을 수 있을까요?

첫째, 처음 믿음과 처음 사랑을 지켜야 합니다.

사울 왕은 하나님이 기름을 부으셨기에 이스라엘의 왕이 되었습니다. 맨 처음 사울 왕은 하나님이 자신을 택하여 기름을 부으셨고 왕으로 삼으셨다는 것을 알았고 하나님을 잘 믿었습니다. 그는 하나님의 종이 말하는 것을 하나님의 말씀으로 듣고 잘 따랐습니다.

그는 하나님을 뜨겁게 사랑했습니다. 그런데 시간이 흐를수록 하나님을 향한 사랑이 작아지고 세상 사람들과 만물을 사랑하는 마음이 커졌습니다. 그의 처음 사랑이 식은 것이지요. 그의 믿음도 그랬습니다. 그는 선지자를 기다리지 않고 자기 멋대로 번제를 드렸습니다. 그리고 하나님이 멸하라고 한 것을 다 없애지 않았습니다.

　그는 하나님보다 사람들을 더 두려워했으며 사람들의 말을 더 믿었습니다. 사람들이 자신을 왕의 자리에서 쫓아낼까 두려워했습니다. 결국 그는 하나님께 버림받았습니다. 사울의 뒤를 이어 즉위한 다윗은 변함없이 하나님을 경외하는 사람이었습니다. 그는 양을 칠 때나 전 국민을 다스리는 왕이 되었을 때나 항상 하나님을 믿고 뜨겁게 사랑했습니다. 그는 선지자가 말하는 것을 하나님의 말씀으로 듣고 겸손히 순종했습니다. 그로 인해 어마어마한 복을 받았고 그의 아들 솔로몬은 그보다 더 많은 복을 받았습니다.

　만일 다윗이 사울처럼 사람과 만물을 바라봤다면 처음 사랑과 처음 믿음은 사라졌을 것입니다. 그도 잠깐의 잘못이 있었지만 회개하므로 처음 사랑과 처음 믿음을 회복했습니다. 당신도 잘못을 저지른 게 있다면 회개하고 다시 하나님께로 돌아오십시오. 성령님께 처음 사랑과 처음 믿음을 회복시켜 달라고 구하십시오. 구하고 받은 줄로 믿은 그 순간부터 처음 사랑과 처음 믿음이 회복되기 시작합니다.

　영원히 예수님을 뜨겁게 사랑하기 바랍니다.

당신은 달란트 단위의 복을 받을 것이다

당신은 '억'자를 쓸 자격이 있다

당신은 달란트 시장에서 물건을 사 본 경험이 있습니까?

나는 예전에 학원에서 열린 달란트 시장에서 물건을 사본 경험이 있습니다. 첫째 딸과 둘째 아들이 초등학교 3학년 즈음에 한 달란트라고 써진 종이돈을 열 장 정도 들고 와서 말했습니다.

"엄마, 내가 모은 달란트에요. 많지?"

"와! 어디서 났어?"

"태권도 학원에서 칭찬받을 때마다 한 달란트씩 받아서 모았어요. 오늘 달란트 시장이 열려서 이걸로 필요한 걸 사러 가려고요. 지금 갈 건데 엄마도 같이 가실래요?"

"그래, 나도 갈게."

태권도 학원에서 달란트 시장을 연 사범님은 내가 처음으로 낸 책 <크게 성공하는 비결>을 구입하신 분입니다. 그분은 항상 자신의 카카오톡 메인 페이지에 성경 말씀을 올려 두는 분이었습니다.

나는 아이들에게 하나님이 주신 성경적 돈의 단위를 알려주는 사범님이 무척 지혜로워 보였습니다. 나는 아들과 딸이 가진 '종이 달란트'를 다 계산해 보았는데 엄청난 금액이었습니다. 성경에서 말하는 금 한 달란트는 현 시세로 20억입니다. 모두 계산해 보니 아이들이 가진 달란트는 10곱하기 20억 해서 총 200억이나 되었습니다.

이번 주 김열방 목사님의 설교에 이런 내용이 있었습니다.

"여러분, 금 시세가 올라서 지금은 한 달란트가 20억입니다. 성경에 금 한 달란트를 받아 땅에 묻어 놓은 자에게 은행에 넣어 이자라도 받지 않고 뭐했냐며 책망한 내용이 나옵니다. 금 다섯 달란트 받은 사람은 바로 가서 그것으로 장사해 금 다섯 달란트를 더 벌어 열 달란트를 만들었는데 주인이 그를 잘했다고 칭찬했습니다. 그렇다면 우리는 다섯 달란트 곧 100억으로 무엇을 사고팔며 장사해야 할까요? 콩나물, 두부, 귤, 감자일까요? 아니면 땅이나 아파트, 빌딩일까요? 잘 생각해보세요. 다들 달란트 마인드를 가지세요."

마태복음 25장에 나오는 이 내용은 주님과 우리의 관계입니다.

억만장자인 주인이 그 종들에게 돈을 나누어 주었습니다.

그것은 공짜로 주며 다 쓰고 없애라는 것이 아닌 투자해서 불리라고 맡긴 것이었습니다. 다 주고 다 쓰고 다 없애면 안 됩니다.

반드시 지혜롭게 투자해서 두 배 이상 남겨야 합니다.

"또 어떤 사람이 타국에 갈 때 그 종들을 불러 자기 소유를 맡김과 같으니 각각 그 재능대로 한 사람에게는 금 다섯 달란트를, 한 사람에게는 두 달란트를, 한 사람에게는 한 달란트를 주고 떠났더니 다섯 달란트 받은 자는 바로 가서 그것으로 장사하여 또 다섯 달란트를 남기고 두 달란트 받은 자도 그같이 하여 또 두 달란트를 남겼으되 한 달란트 받은 자는 가서 땅을 파고 그 주인의 돈을 감추어 두었더니 오랜 후에 그 종들의 주인이 돌아와 그들과 결산할 새……."
(마 25:14~19)

주인이 타국에서 돌아와 모두 모아 놓고 결산했습니다.
과연 어떻게 되었을까요?

"다섯 달란트 받았던 자는 다섯 달란트를 더 가지고 와서 이르되 '주인이여, 내게 다섯 달란트를 주셨는데 보소서, 내가 또 다섯 달란트를 남겼나이다' 그 주인이 이르되 '잘하였도다. 착하고 충성된 종아, 네가 적은 일에 충성하였으매 내가 많은 것을 네게 맡기리니 네 주인의 즐거움에 참여할지어다' 하고 두 달란트 받았던 자도 와서 이르되 '주인이여, 내게 두 달란트를 주셨는데 보소서, 내가 또 두 달란트를 남겼나이다' 그 주인이 이르되 '잘하였도다. 착하고 충성된 종아, 네가 적은 일에 충성하였으매 내가 많은 것을 네게 맡기리니 네 주인의 즐거움에 참여할지어다' 하고 한 달란트 받았던 자는 와서 이르되 '주인이여, 당신은 굳은 사람이라. 심지 않은 데서 거두고 헤치지 않은 데서 모으는 줄을 내가 알았으므로 두려워하여 나가서 당신의 달란트를 땅에 감추어 두었었나이다. 보소서, 당신의 것을 가지셨나이다' 그 주인이 대답하여 이르되 '악하고 게으른 종아, 심지 않은 데서 거두고 헤치지 않은데서 모으는 줄로 네가 알았느냐? 그러면 네가 마땅히 내 돈을 취리하는 자들에게나 맡겼다가 내가 돌아와서 내 원금과 이자를 받게 하였을 것이니라' 하고 '그에게서 그 한 달란트를 빼앗아 열 달란트를 가진 자에게 주라. 무릇 있는 자는 받아 풍족하게 되고 없는 자는 그 있는 것까지 빼앗기리라. 이 무익한 종을 바깥 어두운 데로 내쫓으라. 거기서 슬피 울며 이를 갈리라' 하니라."(마 25:20~30)

당신은 하나님께 어떤 달란트를 받았습니까?

내게도 주인이신 하나님께 받은 달란트가 많이 있습니다.

그 중에 몇 가지를 말씀드리겠습니다.

첫째, 영혼 달란트 곧 예수님입니다.

성경 전체에서 말하는 내용의 핵심은 '예수님'입니다.

우리가 이 세상에 살면서 가장 우선순위에 두어야 할 것은 바로 예수님을 사랑하는 마음입니다. 남편, 부모, 자녀, 형제, 돈, 학벌, 권세, 명예보다도 예수님께 가장 먼저 민감해야 하고 그 다음에 중요한 것들에 민감하면 됩니다. 당신이 만약 예수님보다 더 민감한 것이 있다면 그것을 첫째로 사랑하는 것이고 그것은 곧 우상입니다.

나는 예수님을 많이 사랑합니다. 내 영혼은 예수님의 영이신 성령님이 주인이므로 내 영혼을 잘 관리한 다음 타인이 예수님을 영접하고 사랑하도록 전도하고 말씀으로 양육합니다. 그러기 위해 나는 매일 방언 기도를 수시로 합니다. 성경 말씀도 수시로 암송합니다. 사도들도 자신의 영혼에 관한 일을 가장 큰 일로 여겼습니다. "우리는 오로지 기도하는 일과 말씀 사역에 힘쓰리라."(행 6:4)

둘째, 이 땅에서 누리는 돈 달란트입니다.

하나님은 돈 달란트를 주셨습니다. 달란트를 '재능'이라고 해석하지만 실제로는 '돈'입니다. 세상에 존재하는 모든 돈과 만물은 모두 하나님의 것입니다. 하나님은 우리의 주님 곧 '주인님'이십니다.

위의 성경 말씀에서 주인은 많은 돈을 가졌습니다.

주인은 말하길 "내 돈을 취리하는 자들에게 맡겼다가 원금과 이자를"이라고 했습니다. 취리(取利, moneylending)란 '돈이나 곡식을 빌려주고 그 변리를 받음, 경제적인 이득을 얻음'을 뜻합니다. 변리(邊利, interest)는 '빌려준 돈의 원금에 붙는 이자'를 말합니다.

하나님은 은행과 이자를 인정하십니다. 사실 하나님은 전 세계 모든 은행과 은행장들의 주인이십니다. 또한 전 세계 모든 은금과 돈의 주인이십니다. 돈은 하나님이 사람에게 맡긴 것입니다.

금 다섯 달란트 가진 자가 다섯 달란트를 더 벌었습니다.

한 달란트가 20억이니 다섯 달란트는 100억이고 열 달란트는 200억입니다. 주인은 그것을 '적은 것'이라고 했습니다. 그 정도로 주인은 큰 부자였습니다. "적은 것 100억에 충성하였으니 잘하였다"고 칭찬했습니다. 당신이 평생 알바를 하고 회사에 다니며 돈을 모아도 100억이 안 될 것입니다. 결코 작은 돈이 아닙니다. 그러나 당신 안에 계신 주인님이신 성령님은 다르게 말씀하십니다.

"크게 생각하고 크게 말하라."

그분은 없다는 말을 가장 싫어하십니다.

"없다는 말을 하지 말고 있다고 말하라."

나는 내가 받은 달란트를 잘 찾습니다. 꿈과 소원을 이루기 위해 찾으면 분명히 그 돈이 어딘가에 있습니다. 있는데 있는 줄 모르는 사람이 많습니다. 돈이 없다고 말하지 말고 어떻게든 찾아야 합니다. 찾으면 반드시 나옵니다. 그리고 나는 이 말을 꾸준히 합니다.

"나는 억만장자다."

"나는 억만장자다."

"나는 억만장자다."

습관이 되다 보니 억 소리가 절로 납니다.

"억만 번이나 행복합니다."

"억만 번이나 감사합니다."

이런 믿음의 말과 생각은 내가 받은 달란트 중 가장 귀한 달란트입니다. 그리고 실제로 돈이 들어오면 그것을 쪼개어 영미현꿈결(영원, 미래, 현재, 꿈, 결제)의 다섯 곳간에 각각 나누어 넣습니다.

'영원 곳간'은 영혼을 구원하고 양육하기 위한 헌금을 미리 저장해 놓는 곳간이고 '미래 곳간'은 10년은 금방 지나가기 때문에 미래의 자산을 위해 저축하는 곳간이고 '현재 곳간'은 가족의 생활비를 위한 곳간이며 '꿈 곳간'은 자신이 꼭 하고 싶은 일을 하기 위한 곳간입니다. '결제 곳간'은 각종 공과금을 결제하기 위해 한 곳에 모아 자동으로 빠져나가게 하는 곳간입니다. 당신도 이것을 실천하십시오.

셋째, 이웃에게 전도할 수 있는 복음 달란트입니다.

내 이웃은 내 옆에 있는 사람들부터 전 세계 사람들까지 모두 포함됩니다. 남편과 자녀, 부모님과 형제, 믿음의 가족들, 그리고 기도하고 이미 구원받았다고 믿는 많은 사람들에게 착한 말을 해주어야 합니다. 그래서 나는 모든 방법으로 착한 말을 전해 줍니다.

세상에서 가장 착한 말은 '복음'입니다. 나는 복음을 책에 써서 전달합니다. 그동안 나는 카카오톡과 전화, 책으로 거침없이 복음을 전했습니다. 시부모님과 친정 부모님, 형제자매들, 자녀들의 교사, 학부모들에게 성령님이 지시하는 대로 거침없이 복음을 전했습니다. 그리고 끝에는 항상 이렇게 말해 주었습니다.

"억만 번이나 행복합니다."

"억만 번이나 감사합니다."

"억만 번이나 축복합니다."

내 이웃들은 내가 말하는 '억' 자를 받아 누릴 자격이 있습니다.

그리고 이제는 그들이 나만 보면 이렇게 말합니다.

"교통사고가 났는데 죽을 뻔한 나를 하나님이 살려주셨어요. 하나님을 더욱 잘 믿을 겁니다. 억만 번이나 감사해요."

"와, 하나님이 축복하셨습니다."

"귀한 복음이 담긴 책을 사게 해주셔서 감사해요. 뭐라도 드리고 싶습니다. 제 인생이 바뀌었습니다. 억만 번이나 행복해요."

"와, 저도 억만 번이나 행복합니다."

하나님은 있다고 말하는 자에게 더 주시고, 없다고 말하는 자에게는 있는 것까지 다 빼앗는 분이십니다. 얼마 전에 내 새 책이 나왔는데 <하루 만에 다 주신다고 믿어라>는 책입니다. 당신도 이 책을 꼭 구입해서 읽어보고 여러 권 구입해서 주변에 선물하기 바랍니다.

하나님은 우리의 필요를 넘치게 채워 주시는 분입니다.

"나의 하나님이 그리스도 예수 안에서 영광 가운데
그 풍성한 대로 너희 모든 쓸 것을 채우시리라."(빌 4:19)

그러므로 지금 이렇게 말하십시오.
"내 잔이 넘칩니다."(시 23:5)
그러면 당신의 말처럼 실제로 하루 만에도 모든 쓸 것이 넘치게
됩니다. 하나님이 날마다 기적을 베풀어 주실 것입니다.

"하나님이 능히 모든 은혜를 너희에게 넘치게 하시나니 이는 너
희로 모든 일에 항상 모든 것이 넉넉하여 모든 착한 일을 넘치게 하
게 하려 하심이라."(고후 9:8)

당신도 많은 달란트를 받았습니다. 그것을 생각하며 구하고 찾고
두드리면 모두 나타납니다. 그리고 그 달란트를 소중하게 관리하고
잘 굴려서 주인님이신 하나님께 만배의 복을 받기 바랍니다.

눈치 보지 말고 당당하게 선택하라

당신은 선택과 결정을 잘합니까?
나는 선택과 결정을 잘합니다. 지금은 선택과 결정을 잘 내리지만

예전에는 나도 '결정 장애'가 있었습니다. 결정 장애란 '선택을 해야 하는 상황에서 쉽게 결정을 내리지 못하고 우왕좌왕하는 것'을 말합니다. 일상에서 쉽게 겪는 카페와 식당에서 메뉴 고르기, 매장에서 옷 고르기 등 모든 것이 그랬습니다. 내 인생에서 어떤 꿈을 가질 것인지 선택과 결정의 때에 우왕좌왕하며 오랜 시간을 보냈습니다. 그때마다 내 마음도 몸도 쉽게 지쳤습니다.

그러나 이제 내게 결정 장애란 없습니다. 나는 예수님이 내 안에 영으로 가득히 들어와 계신다는 온전한 복음을 깨닫고 그분의 영이신 성령님께 하나부터 열까지 물었습니다. 그러자 지혜의 영이신 성령님께서 내가 어떤 것을 선택하고 결정해야 하는지 구체적으로 가르쳐주셨습니다. "성령님, 오늘은 저희 집 앞에 새로 생긴 카페에 가볼까요? 아니면 매일 다니던 스타벅스를 갈까요?"

성령님은 바로 말씀하셨습니다.

"기존의 스타벅스로 가라."

나는 바로 스타벅스를 선택해 결정을 내렸습니다. 최고의 결정이었습니다. 생각해보니 새집 증후군처럼 새 카페도 지은 지 며칠 안되어 환기가 덜되어 나에게 불쾌감을 줄 수 있을 거란 생각이 들었습니다. 나는 1초 만에 결정 내리게 해주신 성령님께 감사했습니다.

"보혜사 곧 아버지께서 내 이름으로 보내실 성령
그가 너희에게 모든 것을 가르치고
내가 너희에게 말한 모든 것을 생각나게 하리라."(요 14:26)

선택과 결정을 잘하려면 어떻게 해야 할까요?

첫째, 넘침 마인드를 가지고 있어야 합니다.

"나는 지혜가 넘쳐, 지식도 넘쳐, 자신감과 자존감도 넘쳐."

예수 믿지 않는 사람들은 자존감이 높고 자신감이 넘치는데 하물며 예수님을 내 안에 모시고 있는 사람이 자신감이 적으면 안 됩니다. 자신감을 가지고 당당하게 선택하고 결정을 내려야 합니다. 그것이 최선의 선택임을 믿어야 합니다. 당신 안에 계신 예수의 영이신 성령님은 전 세계의 대통령과 관리들보다 재벌과 연예인보다 그어떤 사람들보다도 억만 배나 크신 분입니다. 그분께 물으세요.

"성령님, 어떻게 할까요."

성령님의 세미한 음성을 듣고 당당하게 선택하십시오.

"여호와께서 너를 머리가 되고 꼬리가 되지 않게 하시며 위에만 있고 아래에 있지 않게 하시리니 오직 너는 내가 오늘 네게 명령하는 네 하나님 여호와의 명령을 듣고 지켜 행하며."(신 28:13)

둘째, 작은 것부터 당당하게 선택하고 결정하는 연습을 하십시오.

처음부터 모든 것을 완벽하게 잘하는 사람은 없습니다. 선택과 결정도 자꾸 연습하다 보면 실력이 늘게 됩니다. 일상의 작은 것부터 성령님께 물으면 조금씩 자신감이 생깁니다. 그러다 보면 나중엔 당신이 복음 전도자 빌리 그레이엄, 세계적인 투자가 워렌 버핏, 세계적인 사업가 빌게이츠처럼 큰 인물이 되어도 자신감을 가지고 당당하게 옳은 것을 선택하고 결정 내리게 될 것입니다.

"네 시작은 미약하였으나 네 나중은 심히 창대하리라."(욥 8:7)

셋째, 시간이 여유로운 사람은 차선이 아닌 최선을 결정합니다.

발명왕 에디슨은 말했습니다. "내 일생의 최대의 발견은 바로 나의 죄를 씻으신 예수님이다." 그는 또 이렇게 말했습니다. "변명 중에 가장 어리석고 못난 변명은 '시간이 없어서'라는 변명이다."

시간이 없다는 말을 하지 마십시오. 시간이 많다고 말하십시오.

성령님께 물으며 시간의 여유를 가지십시오. 1초든 한 시간이든 최선의 선택을 위해 반드시 '성령님께 묻는 시간'이 필요합니다.

성령님은 복음 전도를 위해 급하고 강한 바람같이 내 안에 들어오셔서 순식간에 나를 바꾸신 분입니다. 그리고 지금은 한강처럼 내 안에 가득히 차고 넘치는 기름 부음으로 계십니다.

그분은 크신 분이고 조급함이 없이 일하십니다.

실제의 삶에서 거의 모든 순간 여유롭게 일하십니다.

그러므로 우리는 걸음을 멈추고 성령님께 물어야 합니다.

"성령님, 이 문제를 어떻게 할까요?"

"성령님, 이 돈을 어떻게 할까요?"

"성령님, 이것을 지금 살까요? 나중에 살까요?"

"성령님, 이 문자를 지금 보낼까요? 나중에 보낼까요?

"성령님, 어떤 책을 카톡 사진으로 보낼까요?"

그때마다 묻는 것이 매우 중요합니다. 시간이 지나고 나면 성령님께 묻지 않아 실수한 것이 후회되고 한 가지씩 생각납니다.

그때 나는 다시 묻습니다.

"성령님, 어떻게 할까요?"

당신도 최고의 선택과 결정을 내리고 싶다면 지금 당장 크신 예수님을 구주로 영접하고 성령님과 동업하는 삶을 살기 바랍니다.

나를 따라 말해 보십시오.

"나의 죄를 위해 죽이시고 부활하신 예수님을 믿습니다. 성령님이 내 콧속으로 지금 가득히 들어오셨습니다. 나는 성령 충만합니다. 그래서 모든 일이 잘되고 억만 번이나 행복합니다."

이것이 당신의 삶입니다. 억만 번이나 축하합니다.

나를 나답게 만드시는 천재 코디 성령님

당신은 단발머리를 좋아합니까?

나는 단발머리를 무척 좋아하는데 학창시절 때를 빼곤 머리를 짧게 잘라 본 적이 없었습니다. 그런데 얼마 전 당분간은 단발머리를 하면 머리감을 때나 어린아이를 키울 때 편하겠다는 생각이 들었습니다. 그래서 마음먹은 즉시 성령님의 허락을 받고 가위로 내가 직접 머리를 자르기 시작했습니다. 우선 머리를 양 갈래로 묶었습니다. 그리고 단 4번의 가위질로 단발머리를 완성했습니다.

남편이 옆에서 말했습니다.

"머리를 왜 직접 잘라? 미용실에서 자르지."

"미용실에 가면 내가 원하는 머리로 잘라 주지 않아서요."

"그래도 직접 자르면 힘들잖아."

"괜찮아요. 나는 머리를 잘 잘라요."

나는 단 10분 만에 단발머리로 잘랐습니다. 성령님께서 끝머리만 웨이브를 주라고 지혜를 주셨습니다. 그래서 고데기로 끝머리만 웨이브를 넣고 남편 앞에서 머리를 찰랑거리며 말했습니다.

"여보, 내 머리 어때요? 내 손은 정말 금 손이에요."

남편은 웃음으로 대답해 주었습니다.

아들과 딸은 미용실에 갔다 온 거 같다고 했습니다.

모두가 나쁘지 않다는 반응에 나는 처음 해 본 단발 웨이브 머리에 만족스러웠습니다. 그러나 누구의 반응보다도 맨 처음 나의 단발머리를 인정해 주신 분이 계십니다. 바로 성령님이십니다.

"은하야, 넌 단발 웨이브 머리가 잘 어울린다."

나는 거울을 보며 신이 났습니다.

"와! 성령님, 억만 번이나 감사합니다."

나는 사람보다 성령님의 반응을 가장 기대합니다.

"보혜사 곧 아버지께서 내 이름으로 보내실 성령
그가 너희에게 모든 것을 가르치시고
내가 너희에게 말한 모든 것을 생각나게 하시리라."(요 14:26)

성령님께서 머리를 자르라는 말씀이 없어 그동안 계속 긴 머리를 했습니다. 성령님께서 머리를 잘라도 된다고 하셔서 단발머리로 잘랐습니다. 머리를 긴 머리로 다시 기르라면 기를 겁니다. 내게 지혜를 주시고 내 생각을 지휘하시는 성령님을 전적으로 신뢰합니다.

나는 외모를 가꾸는 데도 성령님을 전적으로 신뢰합니다.

첫째, 외모에 대한 자신감은 내 안에서부터 시작됩니다.

나는 아침마다 세수하고 옷 갈아입고 화장하고 고데기로 머리를 정리합니다. 화장을 하기 전에 꼭 하는 말이 있습니다.

"성령님, 제가 화장하는 동안도 제 자신의 장점을 잘 살리고 단정하게 꾸밀 수 있도록 도와주세요."

성령님께서는 화장할 때 내게 말씀하십니다.

"피부 화장은 선크림 후에 팩트를 얇게 발라라."

"눈썹은 진하게 하는 것보다 최대한 자연스럽게 그려 너의 눈썹 모양을 살려라."

"너는 입술이 크니깐 입술 선을 조금 안쪽으로 그려 주고 립스틱은 연하게 발라라."

성령님의 말씀은 내 외모뿐만 아니라 내 생각을 바꾸어 자존감을 높여 주십니다. 내가 자신감이 없다면 위축되고 고개를 땅에 떨어트리고 다닐 것입니다. 나는 내 안에 자신감이 넘쳐서 당당히 고개를 들고 어깨를 펴고 바른 자세로 걷습니다. 내 자신감의 원동력은 한계가 없으신 성령님으로부터 옵니다.

둘째, 사람들의 판단을 두려워하지 마십시오.

사람들은 일반적 기준에서 조금만 벗어나도 이렇게 말합니다.

"이상해."

나는 20대에 직장을 다니기 시작하면서 사람들의 기준에 맞추려고 노력했습니다. 남들과 같은 옷을 사 입고, 같은 화장을 진하게 하면 나도 예뻐 보이고 외모도 커리어 우먼이 된 것 같았습니다.

그러나 시간이 흐를수록 내가 틀렸다는 것을 알게 되었습니다.

"나다운 게 가장 아름답고 좋구나."

그것을 깨닫고 나는 내가 진정으로 원하는 대로 살고 있습니다.

나는 심플한 것을 즐깁니다. 내 머릿속은 복잡함이 없습니다. 성령님이 날마다 새롭고 심플하게 머릿속을 정리해 주십니다. 내 외모는 늘 심플하게 꾸밉니다. 옷은 많이 사지 않아도 있는 것을 잘 활용해서 날마다 다른 옷을 입은 것처럼 보이고 또 깨끗하게 관리해서 새 옷처럼 보입니다. 몸이 큰 아이들이 두어 번 입고 나에게 물려준 옷도 내게 잘 맞습니다. 음식은 소박하게 먹기 때문에 몸매도 건강하고 날씬해서 어떤 옷도 내 몸에 잘 맞습니다. 성경에도 "모든 것을 품위 있게 하고 질서 있게 하라"(고전 14:40)고 말씀했습니다.

심플함은 최고의 럭셔리함을 유지해 줍니다.

당신도 복잡하게 살지 말고 심플하게 살기 바랍니다.

당신은 하나님의 자녀입니다. 하나님의 자녀는 날이 갈수록 더욱 환하게 빛이 납니다. 태양보다도 더 큰 빛이신 예수님이 당신 안에 살아 계시기 때문입니다. 이것을 믿고 자신감을 갖고 당당히 걷고 말하기 바랍니다. 당당히 예수 그리스도의 복음을 전하십시오.

당신을 억만 번이나 축복합니다.

모든 것이 나로부터 시작된다고 확신하라

당신은 세를 받는 위치입니까? 세를 주는 위치입니까?

나는 세를 주는 위치이기도 하고 받는 위치이기도 합니다.

나는 얼마 전에 내가 세를 놓은 집에 살고 있는 세입자한테 온 전화를 받았습니다. 전세금을 좀 깎아 달라는 전화였습니다.

그래서 나는 성령님께 물었습니다.

"성령님, 어떻게 할까요?"

성령님은 집을 내놓으라고 하셨고 나는 그렇게 했습니다.

이 과정에서 나는 중요한 사실을 깨달았습니다. 어떤 일이 생겼을 때 성령님께 묻는 것이 얼마나 중요한지를 말입니다. 나는 이런 일을 처음 접했고 눈앞이 깜깜해지려고 했는데, 성령님께 물었습니다.

"성령님, 어떻게 할까요?"

"걱정하지 마라."

다음날 아침에도 생각나서 물으면 이렇게 대답하셨습니다.

"일단 챙겨서 나와 함께 카페에 가자."

카페에서 차를 마시고 책을 읽었는데 이렇게 말씀하셨습니다.

"가격을 더 높여서 내놓아라."

"지금도 가격이 높다고 하는데 정말 그래도 될까요?"

"그렇다."

저녁에도 계속 생각나서 물으면 이렇게 말씀하셨습니다.

"염려하지 말고 깨끗하게 씻고 푹 자라."

그리고 또 며칠이 흘렀습니다. 그동안 내가 한 것은 성령님께 묻고 시키는 대로 움직인 것이 전부입니다. 그 결과는 주님께 맡겼고 문제가 잘 해결되었습니다. 나는 많은 것을 깨닫고 배웠습니다.

어떻게 하면 처음으로 접하는 문제를 잘 해결할 수 있을까요?

첫째, 무엇이든 내 안에서부터 시작된다고 확신해야 합니다.

나는 그동안 많은 문제들을 해결했고 그 중에는 돈 문제도 많았습니다. 내가 주위 사람에게 물었다면 그들의 말을 듣고 위축될 수도 있었지만 나는 항상 부요하신 하나님 아빠께 물었습니다.

"성령님, 어떻게 할까요?"

"은하야, 지금 당장 예수 이름으로 명령을 내려라. 그러면 네가 원하는 그대로 된단다."

크신 성령님은 크게 생각하고 크게 행동하도록 나를 이끄셨고 나부터 변화시키셨습니다. 모든 것은 나로부터 옵니다. 부요 믿음도 나로부터 옵니다. 나는 예수 이름으로 명령을 내렸습니다.

"예수 이름으로 명하노니 내게 대항하는 사람들은 모두 잠잠하라. 내 물건은 높은 가격에 전세가 나갈지어다."

그 후로 기다림의 시간이 좀 필요했지만 결국 내가 원하는 대로 다 잘되었습니다. 할렐루야!

"그러므로 내가 너희에게 말하노니
무엇이든지 기도하고 구하는 것은 받은 줄로 믿으라.
그리하면 너희에게 그대로 되리라."(막 11:24)

둘째, 의심하지 말아야 합니다.

부동산 사장들은 부정적인 말만 했습니다.

"그 가격은 너무 높습니다."

"그건 불가능해서 아예 보여주지도 않았습니다."

나는 사람들의 말을 듣고 흔들리지 않았습니다. 기도하고 구한 것을 받았다고 믿고 의심하지 않았습니다. 그리고 성령님과 함께 해결 방법을 찾았습니다. 성령님께서 믿음의 말 한 마디를 해주시므로 내 믿음을 더욱 강하게 굳혀 주셨습니다.

"잘 해결되었음."

나는 "아멘" 하고 말했습니다. 나는 모든 과정을 하나님이 인도하신다고 확실히 믿었고 그 일이 실제로 잘 해결되었습니다.

셋째, 하나님께 영광을 돌려야 합니다.

토요일 오후, 가족이 모두 모여 있을 때 한 통의 전화로 모든 문제가 잘 해결되었습니다. 나는 일어나서 두 손을 번쩍 올리며 기뻐했습니다. "와, 하나님의 기적이 일어났다. 감사합니다."

가족들 중 몇 명은 영문도 모르고 함께 기뻐했습니다. 그러나 중요한 것은 어떤 문제가 생겼을 때 믿음으로 시작해서 믿음으로 끝났다는 것입니다. 그 길을 인도하신 분은 나의 성령님입니다.

할렐루야. 하나님께 모든 영광을 돌립니다.

나는 매일 설레는 마음으로 산다

당신은 2020년 새해가 밝고 어떤 각오를 세웠습니까?

나는 새해가 밝자 하나님께 '각오에 대한 음성'을 들었습니다.

아침에 내가 만든 주방 아일랜드 책상에서 시편 3편 다윗의 시를 읽고 있는데 성령님의 세미한 음성이 들렸습니다.

"처음 방언 받고 성령을 체험했던 그때처럼 살렘. 설레는 마음."

그때 얼마나 설렜고 가슴이 벅찼던가요?

나는 모태 신앙인이었지만 성령님을 모시는 법을 몰랐습니다.

그러다 21살 때 성령을 체험하고 일상생활에서 성령님을 모시기 시작했고 김열방 목사님께 안수를 받던 중 방언을 받았습니다. 그때 온 세상이 환하게 빛났고 내 머리부터 발끝까지 전류가 흐르는 것을 느꼈습니다. 내 안에 성령님이 한강처럼 철철 흘러넘치고 내 앞에 계신 성령님이 환하게 웃고 계셨기 때문입니다.

이번 주일 설교 말씀 제목을 당신과 함께 나누고 싶습니다.

"잠실은 설레는 땅이다."

잠실이 왜 설레는 땅일까요?

첫째, 온전한 복음을 전하기 때문입니다.

내가 사는 잠실에는 너무도 귀한 온전한 복음을 전하는 서울목자 교회가 있습니다. 23년이 흘렀는데도 나는 여전히 이곳 잠실에서 온전한 복음을 들으며 설레는 예배를 드리고 내 이웃에게 설레는 온전한 복음을 전하며 살고 있습니다. 어떤 날은 아침에 일어나면 주님께 너무나 감사해서 닭똥 같은 눈물을 뚝뚝 흘립니다. 온전한 복음을 전하고 하나님의 기적을 경험하는 것은 가장 설레는 일입니다.

"명절 끝날 곧 큰 날에 예수께서 외쳐 이르시되 누구든지 목마르거든 내게로 와서 마시라. 나를 믿는 자는 성경에 이름과 같이 그 배에서 생수의 강이 흘러나오리라 하시니 이는 그를 믿는 자들이 받을 성령을 가리켜 말씀하신 것이라."(요 7:37~39)

성령님 때문에 설레며 살면 자동으로 기적을 체험하게 됩니다.

당신도 지금 예수 그리스도를 영접하므로 설레는 삶을 살고 날마다 기적을 체험하기를 바랍니다. 나를 따라 이렇게 말하십시오.

"나는 예수님을 믿습니다. 예수님이 나의 죄를 모두 짊어지고 십자가에서 돌아가신 후에 부활하신 것을 믿습니다. 예수의 영인 성령님이 내 안에 생수의 강으로 넘치게 흐르고 있음을 믿습니다."

예수님을 믿어 구원받고 성령님을 모시고 살게 된 것을 많이 축하드립니다. 당신은 만왕의 왕이신 하나님의 자녀가 되었습니다.

둘째, 하루 종일 주님과 사랑에 푹 빠져 살게 되었기 때문입니다.

나는 아침에 일어나면 가장 먼저 주님께 말씀드립니다.

"성령님, 안녕하세요. 저의 눈과 손과 발과 입술과 마음을 다스려주세요. 성령님과 함께 숨 쉬고 성령님과 함께 말하게 해주세요."

때로는 아침부터 몸이 무겁게 느껴질 때가 있습니다.

그 무거운 몸을 성령님이 내 영을 통해 다스리십니다. 그러면 끝입니다. 하루 종일 행복하고 감사한 시간을 보냅니다. 나는 다음날을 기대하며 밤 9시가 되면 침대에 누워 뒹굴며 생각도 하고 방언도 하고 책도 읽습니다. 설레는 가슴으로 단잠에 푹 빠집니다.

셋째, 잠실은 축복의 땅입니다.

나는 잠실로 이사한 후에 날마다 행복합니다. 그리고 평일이든 주일이든 귀한 서울목자교회 식구들과 지인들을 통해 이런 축복의 말을 줄줄이 사탕같이 듣고 삽니다. 그래서 한없이 행복합니다.

"와, 억만 번이나 축복합니다."

"2020년에는 하나님이 만배의 복을 주십니다."

나는 아침부터 저녁까지 밟고 다니는 잠실종합운동장 주변, 새마을시장, 아시아공원, 서울목자교회, 롯데월드타워 주변, 한강, 올림픽공원 등을 향해 날마다 예수 이름으로 축복을 선포합니다.

"예수 이름으로 명하노니 이곳에 있는 사람들은 2020년 성령님을 존중히 모시고 그분과 교제하는 삶을 살찌어다."

"예수 이름으로 명하노니 이곳 사람들은 무엇에든 하나님의 채우심으로 만배의 복을 받을찌어다."

"예수 이름으로 명하노니 이 땅은 복음의 땅이 될찌어다."

나는 명령 내린 것에 대해 의심하지 않습니다. 내가 하는 것이 아니라 주님이 하시기 때문입니다. 이미 그렇게 된 줄로 믿습니다.

"그러므로 내가 너희에게 말하노니
무엇이든지 기도하고 구하는 것은 받은 줄로 믿으라.
그리하면 너희에게 그대로 되리라."(막 11:24)

당신도 설레는 잠실 땅에서 예수님을 마음껏 사랑하며 사십시오. 억만 번이나 축복합니다.

복병을 다루는 법을 배우라

당신은 주변에 복병이 있었던 적이 있었습니까?

복병(伏兵)은 '적을 기습하기 위해 적이 지날 만한 길목에 군사를 숨김 또는 그런 군사'를 의미합니다. '예상하지 못한 뜻밖의 적수'를 의미하기도 합니다. 나는 복병을 만난 적이 있습니다.

사실 복병 때문에 몇 번 정도 큰 문제에 부딪혔습니다.

그때 이런 생각이 잠깐 들었습니다.

"뭐 이런 사람이 다 있지?"

그 생각은 나만의 착각이었습니다. 그런 사람은 얼마든지 있을 수 있고 갑자기 내 인생에 튀어나올 수 있습니다. 복병은 기습 공격하기 위해 갑자기 튀어나오는 적이고 의외의 골칫덩이입니다.

내 인생에도 복병이 있었습니다. 누구나 인생을 살다 보면 다양한 문제에 부딪힙니다. 그런 문제를 해결하는 중에 갑자기 더 큰 문제를 들고 나와 계속 나를 힘들게 하는 복병이 있습니다.

나는 도저히 그 사람이 이해가 안 되고 또 이상하게 생긴 이미 일어난 골칫덩이 문제는 빨리 해결되지 않으면 곪고 곪아서 더 큰 문제를 일으킬 수도 있기 때문에 어떻게든 빨리 해결되기를 바랍니다.

믿음으로 살다가 복병을 만났을 때 반드시 필요한 말이 있습니다.

"성령님, 어떻게 할까요?"

그러면 성령님께서 그 복병 문제를 해결할 수 있도록 지혜를 주십니다. 또한 예수 이름으로 명령을 내리며 다스려야 합니다.

"예수 이름으로 명하노니 이 복병이 들고 온 문제는 반드시 내가 원하는 대로 해결되라. 아멘, 감사합니다."

그리고 원망하지 말고 감사해야 합니다.

"억만 번이나 행복합니다."

"억만 번이나 감사합니다."

야베스는 자기 인생에 복병이 없게 해 달라고 기도했습니다.

"야베스가 이스라엘 하나님께 아뢰어 이르되 '주께서 내게 복을 주시려거든 나의 지역을 넓히시고 주의 손으로 나를 도우사 나로 환난을 벗어나 내게 근심이 없게 하옵소서' 하였더니 하나님이 그가 구하는 것을 허락하셨더라."(대상 4:10)

해결되었다 싶은데 또 복병이 문제를 들고 나타났습니까?
성령님께 묻고 또다시 그 문제를 향해 명령을 내리십시오.
이때 중요한 것 몇 가지가 있습니다.
첫째, 원하는 것을 정확히 구체적으로 적고 명령해야 합니다.
둘째, 원하지 않는 것도 구체적으로 적고 명령해야 합니다.
셋째, 성령님의 세미한 음성을 듣고 부지런히 기록해야 합니다.

"게으른 자는 마음으로 원하여도 얻지 못하나
부지런한 자의 마음은 풍족함을 얻느니라."(잠언13:4)

나는 복병을 만났을 때 A4용지를 가져다가 세로로 4쪽을 접었습니다. 그곳에 성령님이 말씀하신 것을 복병과 전화 통화할 때처럼 실제 상황같이 적었습니다. 그리고 혼잣말로 리허설을 했습니다.
그러자 할 수 있다는 자신감이 커졌습니다.
믿음으로 구한 것을 받았다고 믿으면 실제 상황인 것처럼 행동하고 말해야 합니다. 그러면 얼마 후에 실제로 원하는 것을 얻게 됩니다. 나의 힘으로 얻은 것이 아닙니다. 믿음으로 시작해서 믿음으로 끝난 결과이기 때문에 은혜로 얻은 것입니다. 염려로 인한 상처도 물거품처럼 날아갑니다. 기적이 일어납니다.

새 날이 밝으면 당신은 이렇게 말하게 될 것입니다.

"와, 하나님, 억만 번이나 행복합니다. 억만 번이나 감사합니다."

어떤 일이 있어도 정죄하지 말고
잘하고 있다고 믿어라

당신은 어떤 일이든 완벽을 추구하지 않습니까?

나는 어떤 일이든 완벽을 추구하지 않습니다. 그렇게 모든 일에 완벽을 추구하다 보면 내 자존감에 상처를 입게 되기 때문입니다.

"나는 왜 여기까지밖에 못할까?"

"아, 조금만 더했으면 이런 상황이 오지 않았을 텐데."

하나님이 보실 때는 당신이 마친 곳, 거기까지가 끝입니다.

성령님은 내가 어떤 일을 마친 걸 보시고 이렇게 말씀하십니다.

"잘하고 있다. 잘했다."

지금 당신과 나는 잘하고 있습니다.

"사람이 마음으로 자기의 길을 계획할지라도
그의 걸음을 인도하시는 이는 여호와시니라."(잠 16:9)

어떻게 내가 잘하고 있다는 것을 알까요?

첫째, 나는 성령님이 인도하시는 길로 걷고 있습니다.

"성령님, 안녕하세요."

"성령님, 함께 걸으시지요."

"성령님, 이런 방법으로 할까요? 저런 방법으로 할까요?"

"성령님, 도와주세요."

복의 근원인 우리의 조상 아브라함은 하나님을 끝까지 믿었습니다. 중간에 한 번 의심했지만 다시 끝까지 하나님을 믿어 이런 말씀을 들었습니다. "내가 네게 큰 복을 주고 네 씨가 번성하여 하늘의 별과 같고 바닷가의 모래와 같게 하리니 네 씨가 그 대적의 성문을 차지하리라."(창 22:17) 당신과 나도 성령님의 인도하심을 끝까지 믿기 때문에 날마다 큰 복을 받고 있습니다. 당신을 축복합니다.

둘째, 나는 성령님이 주시는 음성을 따라 생각합니다.

나는 얼마 전에 복병을 만난 것 때문에 눈앞이 깜깜해질 정도로 당황했습니다. 순간 나는 억울한 마음이 들었습니다.

그러자 성령님께서 이렇게 말씀하셨습니다.

"은하야, 네가 예전에 세입자일 때 어떤 일이 있었는지 아니? 너는 그 사람보다 더했다. 네 눈에 있었던 들보를 생각해 봐."

"네? 아, 그 일 말씀이세요."

"그래, 평정을 찾아라. 함부로 입을 열지 마라."

"네, 성령님. 억만 번이나 감사합니다."

그 순간 흥분했던 내 마음이 곧 가라앉았습니다.

예수님의 "보혜사 곧 아버지께서 내 이름으로 보내실 성령 그가 너희에게 모든 것을 가르치고 내가 너희에게 말한 모든 것을 생각나게 하리라"(요 14:26)는 말씀처럼 성령님은 모든 것을 가르쳐주셨습니다. 당신도 순간마다 성령님께 묻고 그분을 의지하십시오.

셋째, 지금 하고 있는 것처럼 계속 하면 됩니다.

완벽하게 더 완벽하게 하는 것은 내 일이 아닙니다. 완벽은 모든 것을 다 이루신 예수님이 이미 다 하셨기 때문입니다. 나는 그저 길을 걷다가 성령님이 멈추라면 멈추고 다시 가라고 하면 갈뿐입니다.

성령님이 잘하고 있다면 누가 뭐래도 잘하고 있는 것입니다.

"다 이루었다."(요 19:30)

당신의 꿈을 잠깐 접어 두었습니까? 주님이 다시 펴라고 하시면 펴십시오. 그 꿈은 예수님이 이미 이루시고 완료해 놓으셨으니 예수님만 따라가다 보면 저절로 나타나는 실상의 한 부분입니다.

당신은 지금 잘하고 있습니다. 정말 대단합니다.

날마다 더 강해지고 더 크게 성장하라

당신은 지금 그것조차 감사합니까?

도저히 받아들일 수 없는 일, 그것조차 감사하십시오.

나는 그것조차 감사합니다. 그 일을 통해 성장하기 때문입니다.

아무것도 하지 않으면 내 인생에 변화가 없습니다. 매년 매월 일상이 똑같습니다. 반면 무엇인가 중요한 일을 과감하게 저질러 놓은 사람은 그 일에 관련되어 내 의지와 상관없이 새로운 상황에 처하게 됩니다. 긍정적인 상황에든 부정적인 상황에든 말입니다.

많은 경우, 돈 문제와 관련된 상황에 처하게 됩니다.

결혼을 했습니까? 잘했습니다. 아이를 낳았습니까? 더욱 잘했습니다. 결혼과 동시에 싱글일 때와는 다르게 해결해야 할 것들이 늘어나는데 거의 돈 문제입니다. 내가 어느 날 싱크대 앞에서 돈 문제로 고민하며 성령님께 해결 방법을 구하고 있을 때였습니다.

"은하야, 잘하고 있다. 이것 또한 감사해라. 지금 이 순간이 얼마나 감사하니. 아무것도 시도하지 않는 사람은 그의 평생에 아무 일도 일어나지 않는다. 그러면 아무것도 얻을 것이 없다."

"주님, 제 성격에 주님의 음성이 아니었다면 과연 제가 무슨 일을 저지를 수 있었을까요? 주님의 음성을 듣고 순종했기 때문에 이렇게 물위를 걷는 일이 생겼습니다. 지금 이 고민 또한 감사드립니다. 이 문제를 주님께 완전히 맡깁니다. 해결을 부탁드립니다."

주님은 내가 정체하는 것이 아니라 모든 면에 더 성장하기를 원하십니다. 그래서 내게 어떤 일을 하라고 지시하시는 것입니다.

"사랑하는 자여, 네 영혼이 잘됨같이 네가 범사에 잘되고
강건하기를 내가 간구하노라."(요삼 1:2)

나는 내 안에 있는 영혼이 잘되고 또 범사가 잘 풀리고 몸도 마음도 굳세고 강해졌습니다. 구체적으로 살펴볼까요?

첫째, 내 안에 있는 영혼이 잘되었습니다.

나는 내 영혼이 불안했던 적이 있었습니다. 직장 일로 부득이하게

술자리에 참석하기라도 하면 믿음이 너무 줄어들었다고 생각했고 수요 예배나 철야 예배에서 감동에 젖어 찬양하고 나면 다시 믿음이 채워지는 '느낌'을 붙들었습니다. 내 영혼이 항상 깨어 있는 최상의 상태를 늘 그리워했습니다. 그 방법을 찾고 싶었습니다.

그러다 21살 때 나는 온전한 복음을 깨닫고 바뀌었습니다.

내 영혼의 주인이신 성령님을 항상 모시며 1분 1초 모든 일을 그분과 함께 하게 되었습니다. 방언을 받고 나서는 장소와 시간에 구애받지 않고 혀를 움직여 방언을 말하게 되었습니다. 내 영혼은 하나님께 항상 감사하며 잘되고 있습니다. 사도 바울도 그랬습니다.

"내가 너희 모든 사람보다 방언을 더 말하므로
하나님께 감사하노라."(고전 14:18)

둘째, 새로운 문제에 부딪힐 때 감사하면서 성장했습니다.

나는 예전에 새로운 문제에 부딪힐 때면 크게 당황하곤 했습니다.

누가 나에게 경험담을 말해 준 적이 없었기 때문에 따라 할 수 없었고, 내 스스로 생각해서 모든 문제를 직접 해결해야 했습니다.

그러나 성령님과 함께 살면서부터는 이제껏 했던 '당황' 대신 방언 기도를 하며 혼자만의 시간을 갖거나 걸으며 산책합니다. 한국말로 성령님께 기도하다 보면 원망 섞인 말이 나올 수도 있지만 방언 기도는 그렇지 않습니다. 방언 기도는 100퍼센트 감사 기도입니다.

그리고 나는 곧 예수 이름으로 명령을 내립니다. 그러면 문제 해결이 실상으로 하나씩 나타납니다. 나는 이 과정 중에 깨달음을 얻으면 바로 핸드폰 메모란에 적고 실천합니다. 당신도 원망이 아닌 감사하는 마음으로 깨달으십시오. 그러면 고생 없는 성장이 옵니다.

셋째, 나는 아주 강하고 담대해졌습니다.

나의 내면은 날로 강해졌습니다. 꼭 외면적으로 강하게 보일 필요성도 못 느낍니다. 타인의 시선과 말에 흔들리며 나약했던 정신은 이제 찾아볼 수 없습니다. 내 영혼이 날이 갈수록 잘되고 성령님 때문에 내 인생이 크게 성장하고 있기 때문입니다. 강하고 담대한 사람은 두려울 것이 없습니다. 독수리처럼 주위를 살피며 목표물을 정확히 잡아냅니다. 나는 카리스마가 넘치게 살고 있습니다.

하나님은 비리비리하고 약해 보이는 것을 원치 않으십니다.

물론 그런 사람도 성령을 부어 강한 사람으로 바꾸어 들어 쓰십니다. 성령이 임하면 누구나 새로운 사람으로 변화됩니다. 이것을 믿고 하나님만 의지하기 바랍니다. 성령님의 음성에 순종할 때 당신에게 일어난 변화를 감사히 여기며 앞으로만 나아가기 바랍니다.

당신을 억만 번이나 축복합니다.

성경 말씀을 읽을 때 감동에 푹 빠지라

당신은 성경 말씀을 읽을 때 감동에 푹 빠집니까?

나는 성경 말씀을 읽을 때 감동에 푹 빠집니다. 하루는 신약성서를 읽다가 나와 함께 계신 성령님께 이런 말을 속삭였습니다.

"성경 말씀이 아니면 제가 어떻게 살까요? 저는 하나님의 말씀이 아니면 살 수 없습니다. 이렇게 귀한 말씀을 주셔서 감사합니다."

성경 말씀은 곧 '삶'입니다. 하나님과 인간, 천지 만물과 각종 생물들, 백성과 왕들의 삶이 적혀 있습니다. 그 안에서 가장 중요한 삶이 있는데 바로 '예수님의 삶'입니다. 그분은 창세전에 계셨고 성령으로 인간의 몸을 통해 아기 예수로 태어나셨고 인간의 원죄를 없애기 위해 십자가에서 피 흘려 죽으셨습니다. 예수님은 부활하셔서 우리 속에 영으로 들어와 함께 살고 계십니다. 나는 예수님의 영이신 성령님과 함께 생활합니다. 그런 귀한 매일의 삶을 자판으로 두드려 책으로 만듭니다. 내 책은 성령님의 감동을 담아 쓴 내 삶입니다.

당신도 성경 말씀을 읽을 때마다 큰 감동을 받기 바랍니다.

"모든 성경은 하나님의 감동으로 된 것으로 교훈과 책망과 바르게 함과 의로 교육하기에 유익하니 이는 하나님의 사람으로 온전하게 하며 모든 선한 일을 행할 능력을 갖추게 하려 함이라."(딤후 3:16~17)

어떻게 하면 날마다 성경을 읽으며 감동에 푹 빠져 살까요?

첫째, 예수님이 내 안에 계신 것을 믿어야 합니다.

하나님이 인류에게 주신 최고의 굿 뉴스가 있습니다. 그것은 곧 '성경책'이자 예수의 영이신 '성령님이 하시는 말씀'입니다. 만약 성령님이 각 사람 안에 계시지 않는다면 그분의 말씀을 들으려고 밤낮으로 전 세계를 돌아다니며 찾아다녀야 했을 것입니다. 나는 내 안에 예수의 영이신 성령님이 가득히 계시기 때문에 그분의 말씀을 들고 날마다 행복하게 삽니다. 지금도 성령님과 대화를 나눕니다.

"성령님, 제가 책을 쓸 때 깨달음을 몇 가지로 쓸까요?"

"이 책은 첫째, 둘째, 셋째 깨달음으로 나누어라. 그것이 좋다."

"네, 알겠습니다."

성경은 모두 예수님을 핵심으로 말씀하고 있습니다. 그러므로 그분의 영이신 성령님이 당신 안에 가득히 계시면 성경을 읽을 때 자동으로 감동이 되고 수천수만 가지의 깨달음이 주어집니다.

둘째, 성경 말씀을 읽고 내 삶을 조정해야 합니다.

성경 말씀은 일상생활의 길잡이입니다. 성경을 읽고 깨달음을 얻으면 삶에 적용하고 삶을 조정해야 합니다. 성경은 믿음의 조상들의 일상생활과 지혜도 담겨 있는 가장 지혜롭고 천재적인 책입니다.

나는 주일날 이런 말씀에 감동하게 되었습니다.

"여러분, 우리의 믿음의 조상 아브라함도 실수를 했지만 하나님을 끝까지 믿었습니다. 그래서 복을 받았습니다."

아브라함은 한 번의 실수로 믿음에서 떨어져 하갈을 취해 이스마엘을 낳았습니다. 하지만 그 후로 아브라함은 회개하고 하나님을 끝까지 믿었습니다. 그는 하나님의 약속을 믿음으로 받았고 100세에 사라가 임신하므로 이삭을 낳았습니다. 우리는 여기서 아브라함의 실수한 것은 잊고 아브라함의 좋은 점만 일상에서 닮아야 합니다. 그가 실수한 후에 끝까지 하나님을 믿은 좋은 점을 닮아야 합니다.

셋째, 성경 말씀을 암송하는 일에 지혜를 달라고 구해야 합니다.

김열방 목사님은 그동안 성경을 3천 구절 암송했고 지금도 매일 암송하고 있다고 하셨습니다. 나는 성령님께 말씀드렸습니다.

"성령님, 저도 김열방 목사님처럼 성경 말씀을 몇 천 구절 줄줄이 외우고 싶습니다. 저에게 암송의 지혜를 주세요."

나는 서울목자교회 '다음 카페'에 들어가 김열방 목사님이 수시로 올리는 성경 구절을 하루에 한 구절 정도 외웠고 어떤 날은 일주일 동안 한 구절을 외우기도 했습니다. 그러자 변화가 찾아왔습니다.

한 구절을 외워 성경책에서 찾다 보니 그 앞뒤 모든 성경 구절이 눈에 들어왔습니다. 그걸 읽으니 전체적인 문맥이 이해가 되었고 성경 말씀이 너무나도 재미있는 것입니다. 나는 이럴 때 극도의 쾌감을 느끼곤 하는데 속으로 "와와와" 하며 소리를 지릅니다.

성경책은 정말 쉽고 재미있습니다.

당신도 성경 말씀을 읽고 암송하며 감동을 얻으십시오.

당신에게 가장 큰 행복을 주는 것은 하나님 말씀입니다.

나는 옳은 판단을 하는 사람이 되었다

당신은 '내 생각이 옳다'고 생각합니까?

나는 내 생각이 옳다고 생각할 때가 많습니다.

인생을 살면서 '옳은 판단'을 하는 것은 매우 중요합니다.

나는 모태 신앙인이지만 자신감이 없었고 내 생각을 마음껏 펼치지 못했습니다. 누가 뭐라고 야단치는 사람도 없는데 나 혼자 주눅 들어 나 자신을 책망하고 정죄했습니다. 그리고 매사에 자신감 있게 말하지 못했습니다. 그 이유는 내 생각과 말이 옳은지 그른지 판단하기가 힘들었기 때문입니다. 그래서 결국 남의 생각을 옳다고 판단하며 남의 인생을 닮아 가려고 노력하곤 했습니다.

하지만 21살 때 성령님을 모시고 살면서부터 나는 달라졌습니다.

내 안에 성령님이 한강처럼 가득히 들어오셨습니다. 세상이 완전히 달라 보였습니다. 도로 위가 빛났고 골목길에도 빛이 가득했습니다. 학교 가는 길도 출근길도 한없이 행복하기만 했습니다.

"야호, 야호, 성령님이 나랑 살고 계신다."

내 가슴속에서 기쁨의 부르짖음이 저절로 터져 나왔습니다.

그때부터는 내 생각도 많이 달라졌습니다. 내 생각 중에 많은 부분이 성령님이 주신 생각임을 깨닫게 되었습니다.

나는 옳은 판단을 잘하는 사람으로 변했습니다.

"보혜사 곧 아버지께서 내 이름으로 보내실 성령
그가 너희에게 모든 것을 가르치고 내가 너희에게 말한
모든 것을 생각나게 하리라."(요14:26)

어떻게 하면 옳은 판단을 하며 자신감 있고 복된 삶을 살까요?

첫째, 성령님이 주신 생각을 인정하고 믿으십시오.

성령님이 주신 생각이라는 확신이 들면 중간에 의심하지 말기 바랍니다. 처음에 믿음으로 받은 생각을 끝까지 붙들고 믿음으로 끝내기를 바랍니다. 그러면 자신의 판단이 옳았다는 것을 알게 됩니다.

둘째, 성령님의 일대일 코칭을 즐기고 감사하십시오.

셋째, 순간마다 판단하는 지혜를 달라고 구하십시오.

솔로몬은 판단하는 지혜를 구해서 하나님께 얻었습니다.

예수님은 솔로몬보다 억만 배나 크신 분입니다. 크신 예수님이 지금 당신 안에서 살고 계십니다. 성령님께 이렇게 말씀드리세요.

"성령님, 저에게 판단하는 지혜를 주세요."

나는 그렇게 구했고 실제로 판단하는 지혜를 받아 지금은 옳은 판단을 잘 내립니다. 내 삶에 폭발적인 지혜와 변화가 생겼습니다.

모두 하나님의 은혜입니다. 하나님을 찬양합니다.

부요 믿음으로 '억'자를 자주 써라

당신은 '억'자를 자주 씁니까?

나는 부요 믿음으로 '억'자를 자주 씁니다.

"와, 억만 번이나 행복합니다."

"와, 억만 번이나 감사합니다."

"와, 억만 번이나 축복합니다."

"Jesus, thank you a million times."

"나는 억만장자다."

백도 있고 천도 있는데 왜 '억'자냐고요?

나는 '백'자도 '천'자도 다 잘 쓰지만 '억'자를 더 좋아합니다.

내 일상에서 '억'자를 더욱 잘 씁니다.

며칠 전, 우리 동네에 살던 롯데그룹의 신격호 회장님이 99세로 인생을 마감했습니다. 그는 자그마치 115조 원을 가지고 있는 롯데의 회장이고 개인적으로만 1조 원의 재산을 가졌습니다. 그가 죽었으니 재산이 가족에게 상속되는데 가족들이 그 1조 원을 사회에 환원해서 '신격호 재단'을 만들기로 했다는 소식이 오늘 기사로 났습니다.(2020년 2월 7일) 그는 생전에도 가정 형편이 어려운 학생에게 장학금을 주는 '롯데장학재단'과 고향인 울산 울주군 삼동면의 발전을 위한 '롯데삼동복지재단'등을 설립했고 그 외에도 울산과학관 건립비로 240억 원, 영도대교 복원 공사비로 1100억 원, 부산오페라하우스 건립비로 1000억 원 등을 내기도 했습니다.

나와 이분과 '억'자를 누가 더 많이 썼는지 통계를 내며 견주어 볼만큼 일상생활에서 '억'자를 많이 씁니다. 내가 다니는 서울목자교회의 성도들도 모두 '억'자를 많이 씁니다. 만나면 서로에게 "억만 번이나 축복합니다. 억만 번이나 행복합니다"라고 말합니다.

사실 세상 사람들은 '억대 연봉'을 받고 '억대 아파트와 빌딩, 땅'을 마트에서 물건 사듯이 사고 거두어들입니다. 그런데 교회에서 큰단위의 돈을 말하면 "돈에 빠졌다"고 말하는 곳이 많습니다. 그러나 교회도 돈이 있어야 돌아가고 복음을 땅 끝까지 전할 수 있습니다.

돈은 모든 일에 꼭 필요한 소중한 물건입니다.

'돈'이 아닌 '돈을 하나님보다 더 사랑하는 것'이 악인 것입니다.

"돈을 사랑함이 일만 악의 뿌리가 되나니
이것을 탐내는 자들은 미혹을 받아 믿음에서 떠나
많은 근심으로써 자기를 찔렀도다."(딤전 6:10)

나는 돈보다 하나님을 더 사랑합니다. 돈과 만물은 내게 있어 하나님과 견줄 대상도 안 됩니다. 신랑보다 돈을 사랑해서 결혼하는 신부는 반드시 근심하며 불행하게 살게 되어 있습니다. 결혼해서 남편보다 돈과 더 사랑에 빠지는 아내도 합당치 못합니다.

돈은 꿈과 소원이라는 목적을 이루기 위한 도구일 뿐입니다.

비행기가 연료를 넣어야 날 수 있듯 돈은 우리가 인생을 살 때 필요한 연료 역할을 할 뿐입니다. 그러므로 돈을 소중히 여겨야 합니다. 그렇다면 어떻게 해야 하나님께 큰돈을 구하고 실제로 받아 누리며, 또 바르게 돈을 쓰며 행복하게 살 수 있을까요?

첫째, 먼저 원하는 액수를 구체적으로 하나님께 구하십시오.

둘째, 기도하고 구한 것은 받았다고 믿고 주위에서 찾으십시오.

셋째, 그것을 가진 사람에게 두드려 돈을 받으십시오.

두드리는 방법은 다양합니다. 은행에서는 대출을 받아야 하고 독지가에게는 돈을 기부 받아야 합니다. 또 다른 방법은 자신의 물건을 사고파는 '거래' 곧 장사를 통해 돈을 받아 내는 것입니다.

넷째, 영미현꿈결(영원 곳간, 미래 곳간, 현재 곳간, 꿈의 곳간, 결제 곳간)의 다섯 가지 곳간에 돈을 잘 나누어 관리하십시오.

이 습관이 처음에는 잘 안 될 수도 있습니다.

그러나 시간이 지날수록 안정되고 돈의 사용이 더욱 재밌어질 것입니다. 당신도 지금 가진 것에 억만 번이나 감사하며, 부요하신 하나님께 믿음의 돈을 많이 구하십시오. 부요 믿음을 가진 사람이 가장 부요합니다. 한계가 없는 하나님께 구하기 때문입니다.

당신은 그리스도 안에서 억만장자입니다.

그래도 너는 억만장자다

초판 1쇄 인쇄 | 2020년 2월 25일
초판 1쇄 발행 | 2020년 2월 30일

지은이 | 김열방 김사라 이은영 이재연 정은하

발행인 | 김사라
발행처 | 날개미디어
등록일 | 2005년 6월 9일, 제2005-44호
주소 | 서울특별시 송파구 백제고분로9길 6(잠실동, A동 3층)
전화 | 02)416-7869
메일 | wgec21@daum.net

ISBN : 978-89-91752-77-1. 03230

책값 20,000원